# BUCHER'S
### *FERNREISEN*
# GUATEMALA

*Mitglieder einer Cofradia, einer religiösen Bruderschaft, beim Verlassen der Kirche Santo Tomás in Chichicastenango.*

# BUCHER'S
## *FERNREISEN*
# GUATEMALA

Fotos: Joerg Hoffmann
Text: Birgit Müller-Wöbcke

*Arco de Santa Catalina in Antigua.*

# INHALT

*Ein Hauch von ewigem Frühling liegt über dem Atitlán-See. Am Gebirgshang das Indio-Dorf San Antonio Palapó.*

# GUATEMALA – EINLADUNG INS «LAND DES EWIGEN FRÜHLINGS»

E s kommt darauf an, wo Sie sich gerade aufhalten. Zum Beispiel auf der Terrasse des Jungle Lodge Hotels in Tikal. Es herrscht Morgendämmerung: Nur langsam verziehen sich die Nebelschwaden und geben den Blick frei auf die undurchdringlichen Wälder des Petén. Die Sonnenstrahlen haben noch keine Kraft, doch es ertönt bereits das Geschrei der Brüllaffen und das Gezwitscher aus Tausenden von Vogelkehlen. Die, die da mit ihrem Schnabel, der fast so lang ist wie ihr ganzer Körper, durch die Baumwipfel huschen, sind übrigens Tukane. Und die Papageien kennt jeder. Wälder, wohin Sie auch blicken, in sattem, leuchtendem, hellem und dunklem Grün, dazwischen die weiß-grauen Pyramiden und Tempel. Meist liegen sie im Wald versteckt, doch gelegentlich ragen die Zeugen der altindianischen Vergangenheit Guatemalas sogar über die gewaltigen Baumgipfel hinweg.

Oder ein Morgen im kleinen Livingston an der Karibikküste: Die Trommelschläge der nächtlichen Begräbnis-Zeremonie sind schon seit Stunden verklungen. Ein heiß-feuchter Tag kündigt sich an; das Thermometer zeigt bereits um sieben Uhr morgens 25 Grad. Palmen neigen sich über die Wellen, ein paar Strandläufer joggen zwischen Dschungel und Meer.

Oder Antigua, die ehemalige Hauptstadt im Hochland: Noch wickeln sich die Indiofrauen fest ein in ihre bunten Tücher. Es ist kühl, und der Dunst erlaubt noch keinen Blick auf den Vulkan Agua, der die Stadt überragt und ihr in der Vergangenheit so viel Unglück brachte. Im Zimmer des Hotels aus kolonialer Zeit glühen die letzten Holzscheite im Feuer.

Für nicht wenige Besucher ist Guatemala das schönste Land auf Erden, dabei gehörte es vor noch nicht allzu langer Zeit zu den unbekannten und unerschlossenen Reisezielen des 20. Jahrhunderts. Damit ist es jetzt vorbei: Guatemala hat sich endgültig aus Mexikos Schatten gelöst, dem großen Nachbarn im Norden, der jahrelang die Touristen anzog. Einige wagten sich schließlich für eine Stippvisite über die Grenze, und alle – ohne Übertreibung – wollen wiederkommen und die Schönheiten Guatemalas kennenlernen.

## Tanz auf dem Vulkan

Guatemala ist zwar das drittgrößte Land Mittelamerikas, mit knapp 109 000 Quadratkilometern Ausdehnung jedoch nicht größer als die ehemalige DDR. Um so größer sind seine landschaftlichen Kontraste. Man kann rauchende, fast 4000 Meter hohe Vulkane besteigen, an kristallklaren Bergseen träumen, bei der Kaffee- und Bananenernte zusehen, im Westen an der Pazifik- und im Osten an der Karibikküste baden, aber auch die allabendliche Kühle der hochgelegenen Täler auskosten. Über die Hälfte des Landes ist gebirgig, mit Höhen zwischen 2500 und 3000 Metern. Von den drei sich im Nordwesten erstreckenden Gebirgsketten ist die bekannteste die Sierra Madre, ein Ausläufer aus Mexiko. In keinem anderen Land der Welt gibt es so viele Vulkane wie in Guatemala: 33 Stück wurden gezählt; drei davon, nämlich Fuego, Pacaya und Santa Maria, sind noch immer aktiv. In den zahlreichen Tälern des Vulkangürtels haben sich Ansiedlungen gebildet, hier lebt ein Großteil der Bevölkerung, buchstäblich unter dem Vulkan.

Ein etwa 40 Kilometer breiter Küstenstreifen erstreckt sich im Süden Guatemalas zwischen dem Pazifik und der steil ansteigenden Vulkankordillere. Es ist dies eine überaus fruchtbare Gegend, von zahlreichen Flüssen durchzogen, das Land der guatemaltekischen Großgrundbesitzer. Diese bauen hier Zuckerrohr, Baumwolle, Bananen, Kakao und Reis an. Auf riesigen Farmen – Haciendas – betreiben sie Viehzucht. Der dünn besiedelte Nordwesten, El Petén genannt, ist Flachland, ein in großen Teilen noch immer unerforschtes Gebiet, das von tropischen Wäldern bedeckt ist und einst das Hauptsiedlungsgebiet der vorkolumbischen Maya-Bevölkerung war.

Obwohl El Petén knapp ein Drittel der Landesfläche einnimmt, leben hier nur 50 000 der rund neun Millionen Bewohner des Landes. Da der lehmige Boden nur von einer dünnen Humusschicht überzogen ist, rentiert sich in diesem Gebiet keine Landwirtschaft; in bescheidenem Umfang werden Holzwirtschaft und Viehzucht

*Lachende Gesichter in Guatemala City. Der bunte Straßenenteppich, an dem diese beiden Jungen arbeiten, gehört zu den zahlreichen Vorbereitungen des Festes der Guadalupe. Im Hintergrund sind die zwei Glockentürme der Catedral Metropolitana zu sehen.*

*Die Religion gehört zum Leben in Guatemala, und die Feste, wie hier zu Ehren der Heiligen Jungfrau, werden auf farbenfrohe und fröhliche Weise gefeiert.*
*Der mitten in Guatemala City gelegene Parque Central ist auch sonst ein beliebter Treffpunkt für jung und alt. Der Blick geht über den großen Brunnen auf der Plaza Mayor hinüber zur Kathedrale.*

betrieben. Hervorragend für Kaffeeanbau geeignet ist dagegen der vulkanische Boden entlang den Ausläufern der Sierra Madre auf einer Höhe von 500 bis 1500 Metern.

Die landwirtschaftliche Vielfalt spiegelt sich im Klima wider. Klimatographisch betrachtet besteht Guatemala aus drei Ländern: der Tierra Caliente, dem «heißen Land» an den tropischen Küstenebenen, der Tierra Fria, den eher kühlen Gebieten des Hochlandes und der Vulkan-gespickten Sierra Madre, sowie der Tierra Templada, einer gemäßigten Zone mit warmen Tagen und kühlen Nächten. Bereits Alexander von Humboldt (1769–1859) sprach von Guatemala als dem «Land des ewigen Frühlings». Und tatsächlich blühen in der Umgebung von Guatemala City die Bäume und Sträucher das ganze Jahr hindurch.

Guatemala, das ist das von den Spaniern verballhornte indianische Wort Cuauhtlamallán, es bedeutet «Reichtum an Bäumen». Trotz zunehmender Entforstung – noch immer betreiben viele Bauern den zerstörerischen Brandrodungsfeldbau – ist Guatemala ein grünes Land geblieben. Im Hochland sorgen die regelmäßigen Regenfälle dafür, daß Pinien, Kiefern und Eichen buchstäblich in den Himmel wachsen. Die bis zu 35 Meter hohen Urwaldriesen im Tropenwaldgebiet des Petén mögen Jahrhunderte alt sein. Nur die Spitzen der großen Pyramiden können sie noch überragen. Im Petén finden Sie sowohl die riesige Ceiba, den heiligen Baum der Maya, Mahagoni- und Zapote-Bäume (von letzterem wird der Rohstoff für Kaugummi gewonnen), Gummi- und Brotnußbäume als auch eine unglaubliche Vielfalt an Palmen. Und dort, wo die Sonne hinfällt, verborgen unter Baumgabeln, blühen die köstlich duftenden Orchideen. Mehrere hundert unterschiedliche Arten soll es in Guatemala geben.

## Der sagenhafte Quetzal

«Sein Gefieder hat den Glanz von Edelsteinen und zeigt die Farben des Regenbogens, seine meterlangen Schwanzfedern flattern wie seidene Tücher hinter ihm her». So ehrfürchtig beschreiben die Einheimischen das Wappentier Guatemalas. Einen Quetzal zu sehen, soll Glück bringen. Leider ist der Vogel mit dem bläulichgrünen Rücken und dem dunkelroten Bauchgefieder recht selten geworden. Den Azteken galten die Tiere als heilig, ihre Schwanzfedern waren ihnen so kostbar wie Gold. Heute sind die Vögel fast ausgerottet, und es ist strengstens untersagt, einen Quetzal zu fangen; angeblich sollen sich die freiheitsliebenden Tiere in Gefan-

*An der Nordseite der Plaza Mayor in Guatemala City befindet sich der Palacio Nacional. Das eindrucksvolle Gebäude ließ zwischen 1939 und 1943 der damalige Diktator Jorge Ubico Castaneda, der 1944 durch einen Generalstreik gestürzt wurde, errichten. Im Inneren des Prunkpalastes befindet sich ein Modell des Maya-Kultzentrums von Tikal.*

genschaft umbringen. Auch wenn Sie keinen Quetzal in natura erleben – am größten ist die Chance übrigens im Biotopo Universitario para la Conservación del Quetzal, einem Nationalpark an der Straße nach Cobán in Baja Verapaz – so können Sie sich damit trösten, ihm auf jedem guatemaltekischen Geldschein zu begegnen.

Ornithologen haben allein im Petén 285 Vogelarten registriert. Zu den anmutigsten gehören sicherlich die Kolibris, farbenfrohe Winzlinge, die mit großer Geschwindigkeit umherschwirren und ihren Schnabel mit Vorliebe in Blüten stecken, um deren Nektar zu schlürfen. Dabei vollbringen sie das Kunststück, in der Luft auf der Stelle zu stehen; ihre Flügel bewegen sie dabei so schnell, daß die einzelnen Schläge nicht zu sehen sind. Im gesamten Land gibt es 900 heimische Vogelarten, zu denen sich im Winter noch 200 unterschiedliche Zugvögel aus Amerikas Norden hinzugesellen.

Natürlich leben im Urwald auch Raubkatzen. Jaguar, Ozelot und Puma sind jedoch so scheu, daß sie die Nähe von Menschen meiden. Der Jaguar, das heilige Tier aller präkolumbischen Völker, ist ohnehin nur nachts unterwegs. Die Besucher der großen Pyramidenanlagen brauchen also keine Angst zu haben. Übrigens: Regelmäßig ertönt bei der archäologischen Stätte Tikal ein fürchterliches lautes Geheule. Selbst mutige

Naturen beeilen sich dann, den dunklen Waldweg schnell wieder zu verlassen. Die Verursacher dieses markerschütternden Geschreis sind Brüllaffen, die in großer Zahl in den Baumkronen sitzen. Freundlicher erscheinen dagegen die kleinen niedlichen Spinnenaffen, die die Besucher auf ihren Wegen zwischen den Pyramiden, Tempeln und Palästen begleiten. Sie hängen sich mit ihrem langen Schwanz an den Ästen auf und beobachten so das befremdliche Treiben der Touristen.

Wenn sich der dichte Wald etwas auflockert, sieht man Papageien und Tukane umherfliegen. Vom Aussterben bedroht sind die Süßwasser-Rundschwanzseekühe (Manatí). Die überaus sanften und zärtlichen Säugetiere sind daher heute in Guatemala geschützt. Im tropischen Dschungelgebiet des Biotopo Chocón Machacas am Rio Dulce tummeln sich die wenigen guatemaltekischen Exemplare, und hier steht ihnen auch ausreichend Nahrung zur Verfügung. Täglich verschlingen die behäbigen Riesen nämlich mehr als fünfzig Kilogramm Seegras.

Einen guten Einblick in Guatemalas Vogelwelt erhält man bei einer Bootsfahrt durch den Canyon des Rio Dulce, vom Lago de Izabal bis zur Mündung des Flusses in die Karibik bei Livingston. Teilweise wird die

Schlucht hier sehr eng, der Rand des tropischen Regenwaldes rückt näher, und in den Bäumen erblickt man Hunderte von Reihern, Kormoranen, exotischen Möwen und anderen Wasservögeln.

Überall im Land stößt man übrigens auf Leguane, besonders häufig im Norden. Da sie sich recht langsam bewegen, hat man durchaus Gelegenheit, sie zu fotografieren. Die Echsen gelten bei den Einheimischen als Delikatesse und werden an den Imbißständen der Märkte als Häppchen angeboten.

## Wie alles begann

Archäologen nehmen an, daß die Besiedlung des amerikanischen Kontinents vor rund 30 000 Jahren durch asiatische Einwanderer über die während der Eiszeit zugefrorene Beringstraße erfolgte. Erst wesentlich später finden sich im Gebiet des heutigen Guatemala die ersten Zeugnisse menschlichen Lebens.

Das Volk der Maya kam ursprünglich aus Nordamerika und erreichte etwa um 3000 v. Chr. das guatemaltekische Hochland, wo sie ihr Nomadenleben aufgaben, als Bauern seßhaft wurden und die Landwirtschaft kultivierten. Die Grundlage der Ernährung wurde Mais, der bereits im «Popol Vuh», dem heiligen Buch der Maya-Quiché, als «Urstoff des Menschen» bezeichnet wurde. Später kamen Bohnen als Hauptnahrungsmittel hinzu. Als Gewürz verwendeten die Menschen, damals wie heute, Chili-Pfeffer. Die Großwildjagd wurde ersetzt durch Fischfang und Kleinwild. Ihren Höhepunkt fand die Maya-Kultur jedoch woanders an einem anderen Ort, nämlich im Urwald des Petén. Dort, im tropischen Tiefland Guatemalas, in einer Region, die wegen ihres schlechten Bodens und der Armut an Bodenschätzen für eine Zivilisation im äußersten Maße ungeeignet erscheinen mußte, sowie in den Gebieten des heutigen westlichen Honduras und südlichen Mexiko errichteten die Maya mächtige Tempelstädte. Und dort reiften ihre architektonischen und intellektuellen Leistungen zwischen 200 und 900 n. Chr., der sogenannten «Klassischen Periode», zu ihrer höchsten Vollendung.

Im 10. Jahrhundert verließen die Maya ihre Stadtstaaten. Bis heute wissen wir nicht, welches der Grund für den plötzlichen Zerfall ihrer Hochkultur gewesen sein mag. Da die spanischen Konquistadoren fast alle Dokumente der Maya zerstörten und die Bilderschrift des präkolumbischen Volkes bisher nicht vollständig enträtselt wurde, bleibt ihre Kultur für uns zu einem beträchtlichen Teil im dunkeln.

Die Maya-Städte, die erhalten sind und erst zu Beginn des 19. Jahrhunderts – vom Urwald überwuchert – wiederentdeckt wurden, waren allesamt Zeremonialzentren. Hierher begaben sich die Menschen, um religiösen Zeremonien beizuwohnen sowie größere Versammlungen abzuhalten. Nach den Berichten des Missionars Bartolomé de las Casas Mitte des 16. Jahrhunderts lebten die Menschen in einfachen strohgedeckten Hütten, meist in größeren Familienverbänden und im Umfeld ihrer religiösen Zentren. Bauern bildeten die zahlenmäßig größte Gruppe der Bevölkerung. Von ihrer Arbeit profitierte die gesamte Gesellschaft. So gelang es ihnen beispielsweise, Kakao, Papayas und Avocados zu veredeln. Die wirtschaftliche Grundlage der Maya-Völker bildete jedoch der Mais. Die Bearbeitung seiner Felder kam einem religiösen Ritus gleich. Die Bauersleute fasteten nicht nur und übten Enthaltsamkeit, bevor sie das Land bestellten, sondern sprachen vom Mais mit höchster Verehrung und ehrfurchtsvoller Liebe. Durch die Ausbildung eines spezialisierten Bauernstandes, der die Gesellschaft mit ausreichend Nahrung versorgte, konnten andere Mitglieder der Gemeinschaft freigesetzt werden für vielfältige Aufgaben als Priester, Künstler, Steinmetze, Wissenschaftler und vor allen Dingen als Arbeitskräfte für den aufwendigen Pyramidenbau. Noch heute ist Mais der Hauptbestandteil der indianischen Ernährung, und die Indios bearbeiten ihre Maisfelder mit ähnlicher Inbrunst wie ihre Vorfahren.

Organisiert waren die Völker in komplexen, wirtschaftlich und politisch autonomen Stadtstaaten. Die obersten Herrscher, also Priester und Adlige, waren Mitglieder einer kleinen blutsverwandten Gruppe. Da jegliche Befestigungsanlagen fehlen, schließen die Archäologen, daß die einzelnen Staaten friedlich miteinander kooperierten. Es muß überdies einen regen Austausch von kulturellen Errungenschaften gegeben haben. Eindrucksvollstes Beispiel eines Maya-Zeremonialzentrums, sowohl hinsichtlich der Ausdehnung als auch der monumentalen Größe und künstlerischen Gestaltung seiner Bauwerke, ist das im Petén gelegene Tikal. Das «Athen der neuen Welt» vereint auf einer als Zentrum bezeichneten Fläche von 16 Quadratkilometern mehr als 500 freigelegte Bauwerke – großartige Paläste, Pyramiden, Tempel, Plazas, Ballspielplätze und Prozessionsstraßen – sowie über 2000 verschwenderisch mit Hieroglyphen und Figuren geschmückte Stelen und Altäre.

## Frühe Baumeister und Philosophen

Unübertroffen waren auch die geistigen Leistungen der Maya-Stämme. Wie kein anderes Volk vor ihnen entwickelten sie eine Philosophie der Zeit. Stelen und Altäre hatten die Funktion, ihren Ablauf zu markieren. Nach Ansicht der Maya-Gelehrten war die Zeit heilig und wurde symbolisiert durch Götter. Eine der groß-

*Hell und licht ist das Innere der Kathedrale von Guatemala City. Neben zahlreichen Gemälden aus dem 18. Jahrhundert kann man hier auch eine deutsche Walcker-Orgel bewundern, die 1937 ihren Platz in dem guatemaltekischen Gotteshaus fand.*

artigsten Leistungen der Priester-Astronomen war die Entwicklung eines Kalenders, der der Landwirtschaft diente, die Vorhersage von Sonnenfinsternissen ermöglichte und das Leben der Menschen weitgehend bestimmte. Ihre Observatorien, zum Beispiel in Uaxactún in der Nähe von Tikal, wurden als astronomische Meßgeräte errichtet, um den Rhythmus des Jahresablaufs von der Lichteinstrahlung ablesen zu können.

Die Ergebnisse dieser Himmelsbeobachtung flossen in die Konstruktion von Bauwerken ein. Die Lage der Räume, ihre Formen und Fensteröffnungen wurden von den Koordinaten der Zeit, nicht von künstlerischen oder funktionalen Gesichtspunkten bestimmt. So konnte etwa zu einem bestimmten Datum, zum Beispiel am 21. März und 23. September, das Licht durch ein Fenster ein- und ein anderes gleichzeitig wieder austreten. Baumeister errichteten bis zu siebzig Meter hohe Pyramiden, die von kunstvollen Tempeln gekrönt wurden, und zwischen ihnen zogen sie schnurgerade Prozessionsstraßen durch sumpfige Gebiete. Architekten erfanden das Kragsteingewölbe, bei dem die Steine zweier gegenüberliegender Mauern nach innen hin so aufeinandergeschichtet werden, bis schließlich ein einziger Stein in der Mitte ausreicht, um die ganze Konstruktion abzuschließen.

Ihre Mathematiker führten als erste den Begriff «Null» ein. Dadurch war es ihnen möglich, auch mit großen Zahlen zu rechnen. John Eric Thompson (1898–1975), der berühmte Maya-Forscher und britische Archäologe, berichtet, daß Mittelamerika das einzige Gebiet Amerikas war, in dem die Völker eine Frühschrift entwickelten. Um bedeutende Ereignisse für die Nachwelt festzuhalten, benutzten die Maya eine Art Lautschrift, bei der stilisierte Bilder unterschiedliche Laute wiedergaben. Unvorstellbar ist es andererseits, daß die Maya weder Rad noch Zug- oder Lastentiere kannten. Wie mögen sie um alles in der Welt nur ihre großartigen Bauleistungen realisiert haben? Wie mögen die Astronomen ihre Berechnungen angestellt haben, wenn sie keinerlei optische Geräte besaßen? Obwohl Zeit von lebenswichtiger Bedeutung für die Maya war, konnten sie andererseits nicht das Verrinnen der Minuten und Stunden messen, waren weder Sonnen- noch Sanduhr bekannt.

Im 10. Jahrhundert stellten die Baumeister der Maya plötzlich ihre Arbeit ein. Die Menschen verließen ihre Tempelstädte und Siedlungen – aus bisher ungeklärten Gründen. Weder das Auftreten von Pocken und Gelbfieber (diese Krankheiten brachten erst die Spanier mit) noch Überfälle fremder Völker oder Nahrungsmittelknappheit aufgrund von Versteppung ihrer Felder, wie

*...die 1543 gegründete, frühere Hauptstadt von Guatemala steht unter Denkmalschutz. 1965 wurde sie zusätzlich von der UNESCO zum «Ciudad Monumento de America», zum Kulturdenkmal Lateinamerikas, erklärt.*

gelegentlich angenommen, kommen bei sorgfältiger Betrachtung als Ursachen für den Rückzug der Maya wirklich in Frage. Verwunderlich erscheint außerdem die Tatsache, daß in einigen Städten die Arbeiten abrupt abgebrochen wurden: Unvollendete Mauern und leere Plattformen blieben zurück. In der auf diese Ereignisse folgenden «Postklassischen Periode» wurde der nördliche Teil der mexikanischen Halbinsel Yucatán noch einmal zu einem Zentrum der kulturellen Entwicklung der Maya, und zwar unter dem Einfluß der kriegerischen Tolteken aus dem mexikanischen Hochland. Als Jahrhunderte später die Spanier in das Land eindrangen, waren die Maya jedoch längst heillos untereinander zerstritten – was die fremden Eroberer zu ihrem Vorteil zu nutzen wußten.

## Die blutige Eroberung des Landes

Während die Zeugnisse des präkolumbischen Guatemala für viele Jahrhunderte im Verborgenen ruhten und erst nach und nach wiederentdeckt werden, ist der spanische Einfluß der Kolonialzeit unübersehbar. Überall im Lande stößt man auf gewaltige barocke Gebäude, Denkmäler und trutzige Klöster und Kirchen. Als Zeugen der Vergangenheit erinnern diese Bauwerke an die

über 300 Jahre während Kolonialepoche, die sich von 1524, dem Einzug der Spanier in das Gebiet des heutigen Guatemala, bis zur Unabhängigkeit des Landes im Jahre 1821 erstreckte.

1492 entdeckte der Genueser Christoph Kolumbus, in Lateinamerika Cristóbal Colón genannt, im Auftrage Spaniens die «Neue Welt». In Windeseile erfährt man in Europa von sagenhaften Reichtümern, von Gold- und Silberschätzen, Edelsteinen und reichen Bodenvorkommen. Plötzlich ist es der Traum jedes ehrgeizigen jungen Mannes, ein Schiff zu besteigen, nach Amerika zu segeln und dort ein Vermögen zu machen. Und die spanische Monarchie unterstützt diese Pläne: In einem Erlaß wird allen Spaniern das Recht zugestanden, auf eigene Faust Entdeckungsfahrten und Eroberungszüge zu organisieren. Mit den Erfolgreichsten werden Verträge abgeschlossen, die «Entdecker» geben der Krone einen Teil ihrer Beute ab und erhalten im Gegenzug Titel und Würden.

1487 wird im spanischen Bajadoz Pedro de Alvarado geboren. Als adeliger Offizier nimmt er unter Diego Velasquez an der Eroberung Kubas teil, unter Juan de Grijalva befehligt er ein Expeditionsschiff ins mexikanische Yucatán. Dann schließt er sich dem nur wenige Jahre jüngeren Hernán Cortés, dem Eroberer

Mexikos, an. Von diesem erhält er den Auftrag, ein «reiches Land südlich des Azteken-Reiches» zu erobern. Mit einem Heer von 3000 Indios, die die Spanier bereits in ihrem Kampf gegen die Azteken unterstützt hatten, und 420 spanischen Soldaten überquert er die heutige guatemaltekische Grenze und macht sich auf den Weg ins Hochland. Da der rotblonde Alvarado für viele mexikanische Indianer den aztekischen Sonnengott verkörperte, gab man ihm dessen Namen Tonatiuh. Doch diesem göttlichen Namen wurde Alvarado wenig gerecht. Obwohl er von Cortés ausdrücklich die Weisung erhielt, die guatemaltekischen Völker «in Frieden zu gewinnen», kam es am 3. März 1524 zu einer blutigen Schlacht und danach zu vielen Grausamkeiten seitens der Eroberer. Alvarado besiegte die Quiché-Indianer, einen Maya-Stamm des Hochlandes von Guatemala, und tötete eigenmächtig ihren Herrscher Tecún Umán. Noch heute verehren viele Guatemalteken diesen einstigen indianischen Heerführer; in Guatemala City ist ihm vor dem Aurora-Park ein Denkmal gesetzt.

Freiwillig unterwarfen sich die Cakchiquel in ihrer Hauptstadt Iximché. Nachdem Alvarado bereits andere Städte bis auf die Grundmauern hatte niederbrennen lassen, verschonte er diese Ansiedlung und machte sie bald darauf zur ersten spanischen Hauptstadt, die er Santiago de los Caballeros de Guatemala nannte. Zusammen mit den Cakchiquel wurde auch das Volk der Tzutuhil unterworfen. In weniger als vier Wochen gelang es Alvarado, die drei mächtigsten Maya-Stämme des Landes zu besiegen. Herrscher, Adelige, Priester und Krieger wurden getötet, die einfache Bevölkerung versklavt und «bekehrt». Riesige Landflächen, Encomiendas genannt, wurden an Teilnehmer des Feldzuges sowie an spanische Adelige «verliehen».

Enttäuscht waren die Spanier, als sie feststellen mußten, daß weder Guatemala noch die übrigen mittelamerikanischen Länder über nennenswerte Bodenschätze verfügten. Als Kompensation begannen sie daraufhin, die menschliche Arbeitskraft auszubeuten. Ein großer Teil der indianischen Bevölkerung mußte in der Landwirtschaft Frondienste leisten, viele wurden in die Bergwerke Südamerikas verschleppt. Nur wenige Stimmen erhoben sich, um für die unterdrückte Urbevölkerung zu sprechen. Einer der berühmtesten Fürsprecher war der spätere Bischof des mexikanischen Bundesstaates Chiapas, Fray Bartolomé de las Casas. Dem spanischen König berichtete er von den haltlosen Zuständen und erklärte, daß die Indios «schlechter als Hunde» behandelt würden. 1543 verbot daraufhin Kaiser Carlos die Sklaverei. An der Lebens- und Arbeitssituation der überwiegenden Mehrheit der Indios änderte sich allerdings nur wenig: Die Bauern mußten weiterhin für das Land, das in der Vergangenheit ihr Eigentum gewesen war,

Pacht entrichten oder gar ohne Entlohnung für die Spanier arbeiten. Wie auch in den übrigen eroberten Ländern Mittelamerikas hatte sich in Guatamala das System des «Repartimiento» entwickelt: Die männlichen Bewohner eines Indio-Dorfes wurden gezwungen, jährlich für eine bestimmte Dauer auf den Haciendas der spanischen Herren zu arbeiten. Für ihre Unterkunft und Verpflegung hatten sie dabei selbst zu sorgen.

Die zentrale Verwaltung aller mittelamerikanischen Provinzen hatte ihren Sitz im heutigen Antigua Guatemala; dorthin war die Hauptstadt recht bald von Iximché verlegt worden, nach einer kurzen Episode im heutigen Ciudad Vieja, das bei einem Vulkanausbruch überschwemmt wurde. Seitdem heißt der Vulkan Agua. 1676 wurde auch die Universität San Carlos ins Leben gerufen. Die neugegründeten spanischen Siedlungen wurden weitgehend nach einem einheitlichen Stadtplan errichtet. Um einen großen zentralen Platz, Plaza Mayor oder Real oder de Armas genannt, gruppierten Baumeister die wichtigsten Verwaltungsgebäude sowie die Kirche. Breite kopfsteingepflasterte Straßen verlaufen im Schachbrettmuster, auch bei steilen Hügeln wird von diesem Prinzip nicht abgewichen. Die Straßen werden gesäumt von zunächst eher unscheinbar anmutenden Häusern mit schmiedeeisernen Gittern vor den Fenstern, flachen Ziegeldächern, Balkonen und wuchtigen Holztüren. Öffnen sich diese, blickt man auf einen gartenartigen Innenhof. Meist ist dieser lichtdurchflutete Patio von Arkadengängen umrahmt, in seiner Mitte plätschert leise ein Brunnen, zahlreiche blühende Pflanzen verbreiten eine idyllische Atmosphäre.

Nach drei Jahrhunderten spanischer Ausplünderung des Landes war es am 15. September 1821 soweit: In Guatemala wurde eine Erklärung der Souveränität Mittelamerikas unterzeichnet; nur ein halbes Jahr zuvor war in Mexiko die Unabhängigkeit ausgerufen worden. Bereits kurz darauf sandte der mexikanische König Agustín de Iturbide Truppen nach Guatemala und setzte durch, daß die mittelamerikanischen Länder an sein Königreich angeschlossen wurden. Sein Sieg währte jedoch nur zwölf Monate. Bereits 1823 gründeten die mittelamerikanischen Länder den Staatenbund der «Provincias Unidas del Centro de America», also der «Vereinigten Provinzen von Zentralamerika». Mit der Auflösung des Staatenbundes 1839 hatte Guatemala endgültig seine Unabhängigkeit erreicht.

## Die Nachfahren der Maya

In Guatemala, das von Ethnologen als «klassisches Indianerland» bezeichnet wird, sind knapp zwei Drittel der neun Millionen Einwohner Indios. Dieses ist der

*Reste des Franzis-kanerinnen-Klo-sters Las Capuchi-nas in Antigua. Es wurde 1736 einge-weiht und war das einzige Kloster in ganz Guate-mala, das auch Frauen ohne Mit-gift aufnahm.*

«La Antigua», die Alte – eine Komposition aus imposanten Ruinen, barocken Bauten und stillen Straßenzeilen.

höchste Anteil von Ureinwohnern (Indigenas) in ganz Lateinamerika. Im zentralen Hochland, ihrem Hauptsiedlungsgebiet, leben die meisten der indianischen Ethnien, die insgesamt 22 Sprachgruppen umfassen. Nur ein Teil von ihnen spricht als Zweitsprache Spanisch.

Die Unterscheidung zwischen Indianern und Ladinos oder Mestizen (den Nachkommen aus Verbindungen von Spaniern mit Ureinwohnern) beruht auf kulturellen und sprachlichen Kriterien. Indianer, die ihre Sprache, ihre Traditionen und ihre Tracht abgelegt haben, werden ebenfalls als Ladino bezeichnet. Die Persönlichkeitseigenschaften von Indianern und Mestizen sind im Regelfall sehr unterschiedlich. So sind Mestizen gewöhnlich sehr viel ehrgeiziger als die sanften Indios, deren Überlieferung besagt, daß der Mensch nicht nach mehr als seinem «gerechten» Anteil streben darf. Den gerechten Anteil aber bestimmt das Leben, das Schicksal.

Dem Besucher fallen die Ureinwohner durch ihre überaus farbenprächtige Bekleidung auf. Die Menschen sind stolz auf ihre Herkunft. Noch heute tragen sie die traditionelle Kleidung ihrer Vorfahren. Von den Farben und der Form läßt sich auf Stammeszugehörigkeit und Dorfgemeinschaft schließen. Die Frauen haben ihre langen und glänzend schwarzen Haare zu Zöpfen geflochten, ein buntes Band hält sie zusammen. Ihre blusenartigen Überwürfe, *huipiles* genannt, sind prächtig anzuschauen und verschwenderisch bestickt mit winzigen geometrischen Mustern oder großen Blüten und Blättern. Statt eines Rockes binden sich die Frauen handgewebte Tücher um, die gehalten werden von mehrmals um die Hüften geschlungenen Bändern. Ihre Babies und Kleinkinder werden auf dem Rücken getragen, gut verpackt in ein großes wollenes Tuch. Auffällig ist die Vorliebe der Indios für leuchtende Farben und kreative Farbkombinationen.

In Guatemala sind die Indios der ärmere Teil der Bevölkerung. Die meisten arbeiten als Bauern, *campesinos*, oder als Tagelöhner, *jornaleros*. Auch als Handwerker haben sie einen guten Ruf: Sie stellen über Guatemalas Grenzen hinaus bekanntes Kunsthandwerk sowie Gebrauchsgegenstände und Kleinmöbel aus Holz her. Im Hochland gehören ihnen manchmal Hanggrundstücke, die sich teilweise kunstvoll angelegt und terrassenförmig die Berge hinaufziehen. Dort kann nur mühsam das Lebensnotwendige, nämlich Mais und Bohnen sowie zum Verkauf bestimmtes Obst und Gemüse, angebaut werden. Das zur Bewässerung notwendige Wasser wird mit Eseln oder auf dem Rücken aus dem Tal heraufgeschleppt. Die ohnehin winzigen Parzellen werden von Generation zu Generation kleiner. Im Küstengebiet, wo auf riesigen *Fincas* Kaffee-, Zuckerrohr-, Bananen- und Viehwirtschaft betrieben wird, arbeiten die Ureinwohner des Landes als schlechtbezahlte *jornaleros*. Der Mindestlohn (der in Guatemala immer auch der Maximallohn ist) betrug 1991 fünf Quetzal (etwa ein US-Dollar) pro Tag, Frauen erhalten, ebenso wie Kinder, zweieinhalb Quetzal. Wenn man bedenkt, daß *jornaleros* nicht jeden Tag Arbeit finden, sondern oft Wochen ohne Beschäftigung sind, ist der durchschnittliche Verdienst weitaus geringer. Nach Berechnungen der guatemaltekischen Landesarbeitervereinigung Comité de Unidad Campesina (CUC) benötigt eine fünfköpfige Familie pro Tag für ihre notwendigsten Bedürfnisse elf Quetzal. Da soviel Geld selten vorhanden ist, ist ein Großteil der Menschen chronisch unterernährt. Noch heute sterben in Guatemala jährlich Tausende von Kindern an Masern, weil sie nicht geimpft sind und ihre Eltern sich die notwendige Arznei nicht leisten konnten. Es bleibt zu hoffen, daß die Plantagenbesitzer den von der CUC erhobenen Forderungen (u. a. nach einem Mindestlohn von zehn Quetzal pro Tag und einem Achtstundentag) zumindest teilweise nachkommen. Der Besitz der *Fincas* ist konzentriert in den Händen weniger Familien. So wurden zwar 100 000 Betriebe gezählt, doch stammen 83 Prozent der Kaffee-Ernte von nur vier Prozent der Produzenten. Größter Landbesitzer ist die US-Firma del Monte, Nachfolgerin der legendären United Fruit Company.

An der CA-1, der Straße Centro America 1, die sich von der Hauptstadt des Landes nach Westen und Huehuetenango zieht, reihen sich die Dörfer und Kleinstädte der Indios wie Perlen auf. Besucher sind willkommen, und besonders reizvoll ist es, wenn man die Hauptstadt verläßt und ein wenig in das Hinterland eindringt. Im Zentrum jedes Dorfes liegt, nach spanischem Vorbild, die Plaza mit der Kirche, dem Rathaus und eventuell weiteren Verwaltungsgebäuden. Die Straßen verlaufen immer noch rechtwinklig. Der Friedhof befindet sich am Ortsrand, und meist ist auch ein Bach in der Nähe. Die kleinen und kleinsten Parzellen der Bauern umgeben das Dorf. Jeder Ort hat seinen eigenen Schutzpatron, nach dem in der Regel die örtliche Kirche benannt ist und dessen Namen man oft dem Ortsnamen anfügt. Die Mehrzahl der indianischen Häuser auf dem Lande besteht aus Adobes, luftgetrockneten Lehmziegeln, die mit Palmblättern, Stroh oder roten Dachziegeln gedeckt sind. Aber auch hier ist die Moderne eingekehrt: Häuser aus unverputzten Hohlblocksteinen mit Wellblechdach tauchen mehr und mehr auf. Das Innere besteht oft aus nur ein bis zwei Räumen, einer kärglichen Möblierung und einem Ofen.

Was im Besucher einen nachhaltigen Eindruck hinterläßt, sind die schweren Lasten, die immer und überall auf dem Rücken getragen werden. Frauen und

*Auf dem Zentralfriedhof von Antigua. Im 17. Jahrhundert, als die Stadt kulturelles und politisches Zentrum des Landes war, zählte man hier 18 Klöster, 32 Kirchen und 10 Kapellen. Nur wenige Gebäude sind in ihrer Pracht erhalten geblieben; die großen Erdbeben von 1651, 1773 und 1976 zerstörten vieles.*

*Wenn die Sonne am tiefsten steht, am 21. Dezember, feiern die Quiché in Chichicastenango ihr Patronatsfest. Schon Tage vorher laufen die Vorbereitungen für das große Ereignis auf Hochtouren. Verkleidungen und Tiermasken wie hier beim «Baile de los toritos», dem Tanz der Stiere, erinnern dabei an die alten rituellen Tänze der Maya.*

selbst alte Leute und Kinder schleppen Holz, Getreide und Gemüse; und nur ein Stirnband hält die gewaltigen Gebinde auf dem gekrümmten Rücken fest.

## Lebendiger Glaube

Die spanischen Eroberer zerstörten nicht nur die indianischen Tempel, Paläste und Pyramiden, sondern wollten der Bevölkerung auch ihren «heidnischen» Glauben nehmen. Im Auftrag der römisch-katholischen Kirche bekehrten Missionare die Menschen, und so nahmen in der Folge nahezu alle Guatemalteken den katholischen Glauben an. In jüngster Zeit breitete sich der Einfluß protestantischer Sekten aus, etwa ein Viertel der Bevölkerung gehört solchen Gruppen bereits an.

Allerdings ist es nicht die reine Lehre des Vatikans, die den guatemaltekischen Katholizismus prägt. Im Laufe der Jahrhunderte sind christliche Rituale und traditionelle Riten der altindianischen Religion vielmehr eine Synthese eingegangen. Die Spanier verboten den Menschen, die Namen ihrer Götter auszusprechen, weil sie verhindern wollten, daß die Bevölkerung weiterhin an sie glaubte. Doch die Indios ersetzten ihre traditionellen Götternamen einfach durch die der katholischen Heiligen. Auch vor den Augen der spanischen

Missionare war es ihnen nun möglich, ihren indianischen Gott des Regens, der Sonne oder des Mais anzurufen. So verehren die Indios im heiligen Michael, den sie San Miguel nennen, sowohl den Sendboten des Christentums als auch eine Figur aus der Götterwelt der Maya. Nicht die katholischen Priester, die übrigens in Guatemala immer Ladinos oder Weiße sind, sondern ihre eigenen Gebetsmänner, *brujos* genannt, waren für die Dorfbewohner Autoritäten. Noch heute haben diese Indio-Priester in den kleinen Dörfern des Hochlandes eine fest umrissene Funktion. Sie sagen die Zukunft voraus, beten für die Toten oder übermitteln den Göttern Botschaften.

Was immer wieder auffällt: Die Menschen in Guatemala sind von tiefer Religiosität. Das österliche Fest wird in vielen Dörfern und Städten mit nicht unbeträchtlichem dramaturgischem Aufwand geplant. Die Vorbereitungen dauern fast ein ganzes Jahr. Gründonnerstag steht die Flucht von Judas, dem Verräter Jesu, auf dem Programm. Als Römer verkleidete Indios jagen ihn aus dem Dorf. Bei der Karfreitagsprozession in Chichicastenango opfern die Dorfbewohner einen Hahn. Der schwere und geschmückte Altar wird schwitzend durch die Gassen getragen. In Antigua, der alten Hauptstadt bei Guatemala City, wird das Osterfest besonders

*In Chichicaste-nango. «Baile de los mejicanos» – Tanzen wie im Rausch und ohne Unterlaß. «Darum will auch mein Herz fröhlich sein», beten die Indios, wenn sie den Opferplatz erreichen, «da ich mich aufgemacht habe von meinen Bergen, aus meinen Tälern.»*

farbenprächtig begangen. Schon Miguel Angel Asturias, der guatemaltekische Nobelpreisträger für Literatur, wußte über diese Stadt «mit klarem Horizont und altem kolonialen Kostüm» zu berichten, «daß hier der religiöse Geist die Landschaft verdüstert».

Der guatemaltekische Synkretismus, die Vermischung verschiedener Religionen, zeigt sich besonders deutlich am 1. November, an Allerheiligen, wenn die Menschen sich zum fröhlichen Feiern an den Gräbern ihrer Ahnen treffen. Diese Totenfeiern am *Dia de los Muertos* haben eine sehr lange vorspanische Tradition. Bereits die alten Völker glaubten, daß an diesem Tag die Seele des Verstorbenen auf einen Besuch zuhause einkehrt. Statt eines traurigen Empfangs will man dem toten Angehörigen einen schönen Tag bieten. So werden die Lieblingsspeisen und -getränke des Verstorbenen zubereitet, der Tisch mit Blumen geschmückt, Familienfotos aufgestellt. Je größer das Fest, desto größer die Verehrung des Toten. In Santiago Sacatepequez lassen die Menschen große bunte Drachen steigen, die Nachrichten an die Verstorbenen enthalten.

Ungewöhnlich erscheint uns Europäern auch das Innere einiger indianischer Dorfkirchen. So tragen beispielsweise die Heiligenfiguren der Kirche Santo Tomás in Chichicastenango indianische Kleidung, der Boden ist übersät mit Maisschalen, Kiefernnadeln und Rosenblättern. Vor dem Altar liegen weitere Opfergaben wie Blumen, Likör und Rosenblätter. Ein indianischer Priester verbrennt Weihrauch, der «Pom» genannt wird. Die Gläubigen hocken teilweise im Schneidersitz auf dem Fußboden, kauen Kaugummi, trinken Coca Cola, unterhalten sich mit ihren Freunden oder beten zu den Heiligen.

## Guatemala heute

Guatemala ist Agrarland. Seine Hauptexportprodukte Kaffee, Bananen, Zucker und Baumwolle sind abhängig von den Preisen auf dem Weltmarkt, und die Erlöse schwanken dementsprechend. Dies führt zu einer gewissen Instabilität des Haushalts und erschwert die Planung. Der überwiegende Teil der Exporte geht zudem in die USA, die ihre Abnahmebereitschaft vom Wohlverhalten der guatemaltekischen Regierung abhängig machen, von der Ausrichtung der Politik Guatemalas an US-Grundsätzen und -Wünschen. Weitere Exportprodukte sind zum Beispiel Kardamom, Rosen, Orchideen, Gewürze und Rindfleisch. Die industrielle Produktion hat in den vergangenen Jahren einen starken Aufschwung genommen. So kann die Bevölkerung heute mit Pharmazeutika, Nahrungs- und Genußmitteln, Getränken und Textilien versorgt werden. Zuckerrohr wird im Land selbst verarbeitet, ebenso Gummi.

Die Zukunft der wirtschaftlichen Entwicklung liegt unter anderem in den Bodenschätzen des Nordens. Dort wurden schon vor Jahrzehnten Zinn, Zink, Erdöl und -gas, Silber, Blei, Kupfer und Nickel entdeckt. Diese «Franja Transversal del Norte», die eigentlich mit landlosen und verarmten Bauernfamilien besiedelt werden sollte, nach der Entdeckung der Bodenschätze jedoch in die Hände und den Besitz von ehemaligen Präsidenten und hohen Militärs (was in Guatemala in der Vergangenheit meist dasselbe war) geriet, wird deshalb im Volksmund auch «Franja General del Norte» genannt. Einige der Erdölquellen sprudeln bereits, das Öl wird durch eine Pipeline zum Karibikhafen Puerto Barrios geleitet.

Guatemalas Handelsbilanz ist jedoch seit mehreren Jahren negativ. Die Regierung setzt verstärkt auf den Tourismus, der pro Jahr bereits 500 000 Besucher und 100 Millionen US-Dollar Devisen ins Land bringt. Die Auslandsschulden betragen etwa soviel wie die im Inland erzielten und auf ausländischen Konten ruhenden Gewinne, nämlich rund drei Milliarden US-Dollar. Eine Gesundung der wirtschaftlichen Lage hängt deshalb maßgeblich von einem Stopp der Kapitalflucht und der Investition der Gelder in Guatemala selbst ab.

Auch eine gründliche Landreform könnte der wirtschaftlichen Misere, die sich in hoher Arbeitslosigkeit, Unterbeschäftigung und Armut ausdrückt, abhelfen. Nur zwei Prozent der guatemaltekischen Grundbesitzer verfügen über zwei Drittel des gesamten fruchtbaren Bodens, der auch noch fast zur Hälfte brach liegt. Ihre Gewinne aus der landwirtschaftlichen Produktion werden nicht im Inland investiert.

Die Unternehmer können jederzeit auf ein Heer von arbeitslosen Landarbeitern zurückgreifen, denn neunzig Prozent der Grundbesitzer teilen sich zwanzig Prozent des bebaubaren Bodens, der sie und ihre Familien nicht ernähren kann. Alle Versuche zur Landreform sind bisher am Einfluß und Widerstand der Großgrundbesitzer, der Militärs und auch von US-Firmen gescheitert.

Nach einer langen Zeit wechselnder Militärherrschaft wird Guatemala seit 1984 von zivilen Regierungen geführt, die sich jedoch dem Einfluß der Militärs nicht zu entziehen vermochten. Die gegenwärtige Verfassung aus dem Jahre 1986 läßt zwar Parteien und Gewerkschaften zu, hat aber die Macht des Militärs nicht wesentlich beschränkt. So zwangsrekrutiert das Militär Männer für die sogenannten Zivilpatrouillen, die die Ortschaften gegen Übergriffe der Guerilla schützen sollen. Auch werden Wehrdörfer angelegt, in die man Indios und Campesinos zwangsweise einweist. Ein Drittel des jährlichen Haushalts verschlingt das Militär; für das Erziehungs- und Gesundheitswesen, und damit die größten Problemkinder des Landes, bleiben gerade zehn Prozent.

Die Guerilla ist in achtzehn der zweiundzwanzig Departments tätig, ihre Zahl wird auf etwa 5000 Mann geschätzt. Sie wendet sich gegen Militärmacht, Großgrundbesitz, Korruption und Ausbeutung der wehrlosen indianischen Bevölkerung. Wesentlich stärker sind rechtsextreme antikommunistische Gruppierungen, die unter Demokraten, Oppositionellen, Liberalen und Gewerkschaftern Angst und Schrecken verbreiten; ein großer Teil der Gewaltakte im Land geht auf ihr Konto. Auch mit US-Hilfe ist es bisher nicht gelungen, die Auseinandersetzungen zwischen Guerilla, Regierung und paramilitärischen Gruppierungen zu beenden. Außenpolitisch ist Guatemala eng mit den USA verbunden, die seit fast 40 Jahren die Geschicke des Landes entscheidend lenken.

Die Hauptprobleme Guatemalas deuten sich aus all dem schon an. Etwa 65 Prozent Indios stehen Mestizen, Kreolen (Nachfahren der Spanier), Mulatten und schwarze Kariben gegenüber. Während die Kreolen überwiegend die Oberschicht der guatemaltekischen Bevölkerung stellen, die etwa zwei Prozent umfaßt, bilden die Mestizen (Ladinos) im wesentlichen die Mittelschicht, das heißt etwa zwanzig Prozent der Bevölkerung, die als Kaufleute, Beamte, Angestellte und Landbesitzer tätig sind. Die Indios, einst die Besitzer des Landes, gehören fast ausnahmslos der verarmten Unterschicht an. Ihre durchschnittliche Lebenserwartung beträgt vierzig Jahre gegenüber einem Mittelwert von sechzig Jahren bei den Ladinos. Das Bevölkerungswachstum liegt, wie im übrigen Zentralamerika, bei drei bis vier Prozent jährlich. Dies hat zur Folge, daß fast die Hälfte der Bevölkerung Guatemalas unter fünfzehn Jahre alt ist. Die desolate Situation auf dem Lande, der enorme Bevölkerungszuwachs und die hohe Arbeitslosigkeit haben eine Landflucht nach sich gezogen. Vierzig Prozent der Bevölkerung leben bereits in Städten, und die Verstädterung nimmt weiterhin zu. Der größte Teil der Zuwanderer landet in Slumsiedlungen am Stadtrand (Asientamientos), ohne fließendes Wasser, Strom und Kanalisation. In der Hauptstadt ist es bereits ein Drittel der etwa eineinhalb Millionen.

Rund 70 000 guatemaltekische Flüchtlinge leben in El Salvador, ungefähr 150 000 in Mexiko und 100 000 in Lagern innerhalb Guatemalas. Unzulängliche hygienische Verhältnisse, mangelhafte Versorgung und fehlende Arbeitsmöglichkeiten werden als weniger schwerwiegend empfunden als die ständigen Übergriffe des guatemaltekischen Militärs.

*Vogelmenschen kreisen in der Luft. Dreißig Meter hoch ist der Pfahl, um den herum sich die «Voladores» in Chichicastenango drehen. Aber schon bald wird sie die Erde wiederhaben: die Seile werden ganz langsam vom beweglichen Holzrahmen an der Spitze abgerollt.*

*Auf den Stufen von Santo Tomás. Das Fest des Schutzpatrons von Chichicastenango nähert sich seinem Höhepunkt.*

Als Tourist oder Touristin bleibt man von den Scharmützeln zwischen Militär und Indios sowie der Guerilla unbehelligt. Man sieht gelegentlich Demonstrationen vor dem Nationalpalast in Guatemala City sowie Aufrufe und Versammlungen der Indios im Hochland; die Zeiten, in denen Überlandbusse angehalten und die Insassen ihrer Wertsachen erleichtert wurden, gehören jedoch der Vergangenheit an.

Was vor allem wichtig ist: Nach den Schönheiten Guatemalas muß man nicht suchen. Es ist auch kein kundiger Reiseleiter erforderlich, der uns auf geheimen Pfaden zu versteckten Maya-Tempeln führt. Bei einem Spaziergang im Süden der Hauptstadt, am spanischen Aquädukt entlang zum Aurora-Park, sehen wir in der Ferne den Vulkan Pacaya rauchen. Während der Fahrt über Land reichen tropische Vegetation und Terrassen-Landwirtschaft bis an den Straßenrand. Die Städte und Siedlungen sehen spanisch aus und sind voll indianischen Lebens; die Geschichte des Landes ist immer gegenwärtig. Die größte Attraktion Guatemalas aber ist seine indianische Bevölkerung. Wir treffen sie auf der Straße, vor dem Hotel, an den Pyramiden und auf dem Markt. Sie laden uns freundlich in ihre Kirche ein. *Hasta luego: bienvenido en Guatemala.*

# IM LAND DES QUETZALS
## Guatemala in Erzählungen und Berichten

Am 6. Dezember 1523 brach Pedro de Alvarado mit einer kleinen Streitmacht von Mexiko aus auf, um das Gebiet entlang des Südmeeres zu erkunden und zu unterwerfen. Sein Bericht darüber, den er an die spanische Krone zu liefern hatte, war für Europa die erste Kunde vom Land Quauhtemallan (Wald voll Feuchtigkeit). 1541 verfaßte der Dominikanermönch Las Casas seine Anklage gegen den Völkermord der Spanier an den Indianern. Adressat war Kaiser Karl V. Zeugnisse der fast untergegangenen Indianerkultur sind Märchen. Verhängnisvoll für die Indianer war hier die Vorstellung von den Göttern, die aus fernen Ländern übers Meer zu ihnen kommen. – Von ihren Eindrücken in dem schönen, geheimnisvollen Guatemala berichten die Geographen Karl Sapper und Franz Joseph Lentz, Caecilie Seler-Sachs, der Schriftsteller David Dodge und der Abenteurer Friedrich Morton. Die existenziellen Probleme der Menschen Guatemalas, die Tradition des Landes, die Mythen der Maya-Indios beherrschen das Werk des Nobelpreisträgers Miguel Angel Asturias.

## Der Eroberungsmarsch
## des Pedro de Alvarado

Ich hatte meine Unterhändler nach dem Lande Guatemala entsandt, um seine Bewohner davon in Kenntnis zu setzen, daß ich es erobern und mit seinen Provinzen, die nicht geneigt wären, sich der Oberhoheit Seiner Majestät zu unterstellen, in Friedenszustand versetzen würde. Von den Einwohnern, die sich als Untertanen Euer Gnaden bereit erklärt hätten, würde man hilfreiche Unterstützung und die Erlaubnis zum Einmarsch in ihr Land fordern. Kämen sie diesen Forderungen nach, so würden sie als gute und getreue Untertanen Seiner Majestät handeln. Wenn sie aber nicht darauf eingingen, dann würde ich ihnen in feierlicher Form als aufrührerische Verräter und Empörer am Dienst für Unseren Kaiserlichen Herrn den Krieg erklären und sie dementsprechend behandeln. Darüber hinaus würde ich alle lebend eingebrachten Kriegsgefangenen zu Sklaven machen. [...]

Als ich oben auf der Paßhöhe stand und meine Leute sammelte, um mich wieder zu ordnen, bemerkte ich, wie über 30 000 Indianer auf uns zukamen. [...]

Gott sei Dank fanden wir dort ebenes Terrain vor. Obwohl die Pferde vom Paßübergang müde und ermattet waren, warteten wir ihren Angriff solange ab, bis sie ihre Pfeile auf uns abschossen. Dann fielen wir über sie her.

Da sie noch niemals Pferde gesehen hatten, bekamen sie es mit großer Angst zu tun. Wir unternahmen einen wohlgelungenen Vorstoß und zerstreuten sie, wobei viele ums Leben kamen. [...]

Mit Rücksicht darauf, daß ich die Feinde nur durch Streifzüge im offenen Lande und durch Brandstiftungen zur Anerkennung des Dienstes für seine Majestät bringen konnte, faßte ich den Entschluß, die Herrscher dem Scheiterhaufen zu überantworten. [...]

*Kleiner Plausch unter den Arkaden des Palacio del Noble Ayuntamiento, dem heutigen Rathaus von Antigua. Obwohl mit dem Bau bereits 1743 begonnen wurde, konnte das Gebäude, das zwischenzeitlich als Gefängnis diente, erst Anfang des 20. Jahrhunderts fertiggestellt werden. Neben der Stadtverwaltung beherbergt es nun zwei Museen.*

*Trotz und Trauer scheinen sich im Blick dieses Indios aus Chichicastenango zu verbinden. «Alles ist vorbei», heißt es im «Chilam Balam», dem bedeutenden Maya-Dokument aus Chumayel. «Die Dinge, die geschehen sind und geschehen, reden in ihrer eigenen Sprache, und so mag es sein, daß ihr Sinn nicht ganz verstanden wird.»*

Wir brachen in ihre Reihen ein und fügten ihnen eine derartige Niederlage zu, daß in kurzer Zeit keiner mehr von denen am Leben war, die in den Kampf gezogen waren. Denn sie waren so schwer bewaffnet, daß jeder, der zu Boden stürzte, sich nicht wieder erheben konnte.

Ihre Waffen bestehen aus dreifingerdicken Baumwollpanzern, die bis auf die Füße reichen, aus Pfeilen und langen Lanzen. Stürzten sie zu Boden, so schlug unser Fußvolk sie alle tot. [...]

Ew. Gnaden haben über meine Dienste Seiner Majestät keinen Bericht erstattet. Da Sie mich hierher beordert haben, bitte ich Ew. Gnaden, Seiner Majestät zu berichten, wer ich bin und wodurch ich Seiner Majestät in diesen Ländern gedient habe, wo ich mich aufhalte, was ich neuerdings für Seine Majestät erobert habe und meinen Wunsch, weiterhin Seiner Majestät zu dienen; auch wie man mir in Seiner Majestät Diensten ein Bein verletzt hat, wie wenig Lohn ich bisher empfangen habe und die geringen Vorteile, die mir bis jetzt verschafft worden sind.

*Von seinem Oberbefehlshaber Hernándo Cortés entsandt, zog PEDRO DE ALVARADO 1524 mit 120 Berittenen, 300 Söldnern zu Fuß, vier Kanonen und 3000 Mann indianischer Hilfstruppen aus, um das Land der Maya zu unterwerfen. Gold, Macht und Ansehen beim König waren seine Motive. Für die Eingeborenen und ihre Kultur kannte er nur Verachtung.*

## Die Anklage des Las Casas

Er [Alvarado] übertraf alle seine Vorfahren, und tat es allen übrigen gleich, die sich noch bis auf den heutigen Tag dort befinden. Von den Provinzen, durch die er marschierte, sind bis zum Königreiche Guatemala, wie er selbst in einem Briefe an seinen Prinzipal schreibt, gerade vierhundert Meilen. Auf diesem ganzen Wege mordete, raubte, sengte und brennte er, und nahm endlich das ganze Land in Besitz. Er sagte den Indianern, sie müßten sich diesen unmenschlichen Barbaren unterwerfen, und zwar im Namen des Königs von Spanien, der ihnen ganz unbekannt war, und von dem sie noch nie das Mindeste gehört hatten. Natürlich mußten sie glauben, er sei noch weit grausamer und ungerechter als jene; denn man ließ ihnen nicht einmal so viel Zeit, diese Botschaft zu überlegen, sondern fiel sogleich über sie her, und fing zu morden und zu verbrennen an. [...]

Darauf befahl er, sie sollten die Indianer, von welchen sie sich bedienen ließen, in Ketten schmieden und als Sklaven brandmarken. Dies geschah, und sie brann-

*So friedlich wie auf den Märkten in Guatemala geht es auf den Basaren der übrigen Welt selten zu. Bei den Indios des Hochlands hat der Handel Tradition, und Geschäfte werden ohne jede Hast getätigt.*

ten allen, welche sie zusammen ketteten, das Königliche Zeichen als Sklaven auf. Unter ihnen befand sich der einzige Sohn des vornehmsten Herrn jener Stadt, und ich sah, daß man ihn auf die nämliche Art gebrandmarkt hatte. Da nun die Indianer wahrnahmen, daß in allen Gegenden des Landes dergleichen Bosheiten verübt wurden, rotteten sie sich zusammen, und ergriffen die Waffen.

*Der Dominikanermönch LAS CASAS verbrachte mehr als 40 Jahre in den amerikanischen Kolonien Spaniens. Leidenschaftlich prangerte er in seinem «Bericht von der Verwüstung der Westindischen Länder» von 1541 den Völkermord an etwa zwanzig Millionen Indios an.*

## Indianermärchen der Cakchiquel

Hier will ich die Berichte über unsere ersten Vorfahren niederschreiben, über die Menschen, die in der Urzeit geboren wurden, ehe denn Berge und Täler bewohnt waren, und als es nur erst Kaninchen und Vögel gab, wie man sagt. Damals geschah es, daß sie, unsere Vorfahren, Berge und Täler zu Wohnsitzen erkoren, als sie aus Tulan kamen. [...]

Sie erzählen, daß wir von jenseits des Meeres kamen, von einem Land, das Tulan heißt; dort wurden wir ge-

boren und erzeugt [...] Folgendes berichten K'a'kavitz und Zactecauh zu Beginn ihrer Erzählung: aus vier Richtungen kamen die Menschen von Tulan her. Ein Tulan liegt da, wo die Sonne aufgeht, ein anderes im Totenreich, wiederum ein anderes da, wo die Sonne untergeht, und endlich eins da, wo die Gottheit wohnt. Und so gab es vier Tulan. Aus dem in der Gegend des Sonnenunterganges gelegenen kamen wir, von jenseits des Meeres; das ist das Tulan, wo wir geboren und erzeugt wurden.

Zuerst wurde der Obsidianstein durch die grüne und die gelbe Unterwelt geboren, dann der Mensch durch den Schöpfer erschaffen, um mit ihm den Obsidianstein zu ernähren. Als der Mensch geschaffen und in Kummer und Elend vollendet werden sollte, versuchte man es mit Holz und mit Blättern; aber nur Erde war geeignet. Doch diese aus Erde geschaffenen Menschen konnten weder sprechen noch gehen, und es entstand weder Blut noch Fleisch; nichts fand sich, was sich dazu geeignet hätte, und erst spät entdeckte man etwas Derartiges. Nur zwei Tiere gab es, die wußten, daß der Mais sich an dem Orte, der Pan Paxil heißt, befand, und diese Tiere hießen Koyote und Rabe. In ihrem Mist fand man den Mais. Da wurde der Koyote getötet, aufgeschlitzt und seinem Bauche der Mais entnommen.

Darauf ging man mit Hilfe des Tieres, das Kolibri heißt, auf die Suche, um für den Mais etwas zu finden, womit er geknetet werden könne. Und nachdem durch den Kolibri aus dem Innern des Meeres das Blut der Tapirschlange geholt war, wurde es dem Mais beigemengt und der Mais mit ihm geknetet. So wurde das Fleisch des Menschen durch den Schöpfer gebildet. Fürwahr, weise war der Schöpfer, der die Menschen schuf!

Danach wurde die Menschenschöpfung vollendet. Dreizehn Männer und vierzehn Frauen entstanden; sie hatten Köpfe und konnten von nun an sprechen und gehen, sie hatten auch Blut und Fleisch.

*Nach der indianischen Überlieferung haben die Götter den Menschen aus Maismehl geformt. Solche Mythen der Indio-Völker wurden in spanischen Chroniken aufbewahrt. Die Berichte, die Grundlage für die Missionierung der Einheimischen sein sollten, haben wertvolles Kulturgut erhalten.*

## Reise durch den Urwald

[Fahrt in den Petén:] Am 15. Juni verließ ich den gastlichen Ort [die Holzfällerei Parvenier am Rio Chajchinic], um meine Reise flußabwärts fortzusetzen. Ein großes Ruderboot, mit drei Leuten bemannt, ging nach dem Paso Tanahi ab, um in La Libertad Lebensmittel und andere Gegenstände für den Bedarf der Holzfällerei abzuholen.

Es war eine schöne Fahrt; vom trefflichsten Wetter begünstigt, fuhren wir dahin, durch die gewaltigen Wälder, welche diese ganze Landschaft bedecken; üppige Vegetation schmückt allenthalben die Ufer, und blätterreiche Zweige und Lianen hängen zu beiden Seiten bis ins Wasser hernieder, so daß man oft weithin kein Erdreich zu Gesicht bekommt; da und dort ragen riesige Mahagoni- und Ceibabäume hervor, und auf allen Seiten erblickt man Corozopalmen, deren gewaltige Fiederblätter sich scharf von dem dunkleren Grunde des herrschenden kleineren Laubwerks abheben, während anderwärts blühende Bäume und Sträucher oder blumengeschmückte Girlanden von Schlingpflanzen das Vegetationsbild farbenreicher gestalten.

In zahllosen Windungen von wechselvoller Gestaltung strömt der Rio de la Pasion dahin, nimmt da und dort ansehnliche Zuflüsse auf und wird, je länger wir seinem Laufe folgen, desto mächtiger und majestätischer: während ich am Zusammenflusse des Chajmayic und Chajchinic die Breite des Flusses auf 20 bis 30 Meter schätzte, dürfte sie am Paso real, wo wir in einem Nebenfluß (Rio Subin) einbogen, 100 Meter betragen.

Am angenehmsten war ohne Zweifel die Fahrt in den späten kühlen Abendstunden, wenn die Sonne untergegangen war und das Boot zwischen den nachtdunklen Gewächsen der Ufer auf dem im Mondscheine erglänzenden Flusse ruhig dahinglitt; leider hatte ich nicht volle Muße, diese schönen Augenblicke ganz zu genießen, denn ich saß mit Kompaß, Uhr und Bleistift im Boote, um bei Laternenschein den Verlauf der einzelnen Windungen aufzuzeichnen. Der Flußlauf ist zwar vor Jahren von mexikanischen Ingenieuren aufgenommen worden; da aber die Aufnahme aus politischen Rücksichten bisher nicht veröffentlicht wurde, wollte ich mir die Gelegenheit nicht entgehen lassen, den Lauf des Flusses wenigstens in groben Umrissen festzulegen.

Rückkehr:
Nach kurzem Imbiß begaben wir uns in das von drei Ruderern bemannte Boot «La Flecha» (der Pfeil). Es war ein gutes, schnelles Boot, das seinem Namen Ehre machte, leider aber war es zu klein, als daß mein Begleiter und ich bequem unter dem Zeltdache Platz gefunden hätten, und so mußte ich denn stunden- und tagelang mit krämpfigen Gliedern auf eng beschränktem Platze sitzen.

Ich merkte bald, daß es nun vorbei war mit den vergnügungsreichen Fahrten, welche ich bisher auf den Strömen des Petén gemacht hatte, denn die inzwischen eingetretene Regenzeit ist ein Feind des Reisenden und bringt ihm viele Unannehmlichkeiten mit. Hunderte von Moskitos schwärmten nun durch unser Boot und plagten uns den lieben langen Tag, und in den Nächten konnte mein müdes Auge kaum den ersehnten Schlaf finden, da ich mich unvorsichtigerweise ohne Moskitonetz in diese Gegenden gewagt hatte, wo während der Regenzeit Milliarden kleiner geflügelter Satane an den Ufern der Flüsse oder im feuchtwarmen Dunkel des Waldes auf den arglosen Wanderer harren. War mir auf der Herfahrt allezeit Sonnenschein beschieden gewesen, so wurden wir nunmehr dann und wann von heftigen Regengüssen heimgesucht, und in der Nacht des zweiten Juli machten wir, unter dem Zeltdache des Bootes zusammengekauert, ein Gewitter mit, desgleichen ich noch niemals zuvor erlebt hatte. Furchtbar krachte und rollte der Donner, der Wind fuhr durch die riesigen Baumwipfel der Wälder mit lautem Getöse, und grelle Blitze erleuchteten für Momente taghell die nachtgraue Umgebung, so daß man wenigstens für Augenblicke die Ufer des Flusses erkennen konnte. Sonst war aber die Nacht so finster, daß der Bootsführer zuletzt nicht mehr sicher wußte, ob er stromab- oder stromaufwärts fahre, denn in der finsteren Nacht hätte er auf dem träge dahinfließenden breiten Strome (Rio de la Pasion) an einer der zahlreichen scharfen Windungen leicht eine allzu scharfe Wendung machen und dadurch wieder umkehren können. Sorgenvoll ruderten deshalb die Boots-

*Opfergaben in der Iglesia de la Merced in Guatemala City. Riten und religiöse Handlungen bestimmen das Leben der Guatemalteken. Ihre alten Überlieferungen haben sie sich bewahren können, indem sie sie mit den Vorstellungen der Katholischen Kirche verbanden.*

*Auf der Fahrt von Guatemala City nach Puerto Barrios. Das harte Arbeitsleben steht den Campesinos, die von der Arbeit auf den Zuckerfeldern zurückkehren, ins Gesicht geschrieben. Die soziale Situation ist bedrückend: Hunderttausende von landlosen, verarmten Bauern stehen einer Handvoll von Großgrundbesitzern gegenüber, denen zwei Drittel des Bodens gehören.*

leute, triefend vor Nässe, im strömenden Regen weiter und begrüßten mit lautem Jubel das einsame Licht von Plancha de Piedra, wo wir nach Mitternacht ankamen und gastliche Aufnahme fanden.

*Aus einem Reisebericht aus dem Jahr 1897 von KARL SAPPER (1866–1945), der eigentlich nur zur Erholung und für kurze Zeit nach Guatemala wollte. Das Land ließ ihn nicht mehr los. Er hat im Laufe von Jahrzehnten wertvolle Arbeiten zur Völkerkunde, Archäologie, zur wirtschaftlichen Erschließung und geologischen Struktur des Landes geliefert.*

## Auf alten Wegen

Staub und Sonne waren tagelang unsere steten Begleiter gewesen, und staubig und sonnig war auch die lange, breite Vorstadtstraße, durch die wir bei unserer Ankunft nach Guatemala hineinreiten mußten. Erst bei dem kleinen Fort, das so aussieht, als wäre es aus Pappe für den Weihnachtstisch gemacht, beginnt die eigentliche Stadt. An dieser Stelle ist ein großer Markt, und wir mußten erst durch sein Gewühl hindurch unseren Weg finden. […] Einen vertrauenerweckenden Eindruck werden wir kaum gemacht haben, denn als wir endlich das Hotel erreicht hatten, verweigerte man uns die Auf-

nahme, zuerst unter dem Vorwande, daß man den uns begleitenden Hund nicht im Hause dulden könne. Und als wir versicherten, daß er bei den Pferden bleiben würde, hieß es kurzweg, man habe kein Zimmer frei. Also zogen wir vor ein deutsches Haus, wo unser Äußeres nicht solchen Anstoß erregte, als bei dem stolzen Spanier. Aber ich empfand eine lebhafte Schadenfreude, als ich diesen nach einigen Tagen auf der Straße traf, nachdem ich mich wieder ein wenig zivilisiert hatte, und er mich ebenso erstaunt als höflich grüßte. – Das waren unsere ersten Eindrücke in Guatemala. […]

Unsere Wohnung lag nur wenige Schritte von der Plaza de Armas, dem weiträumigen Hauptplatze der Stadt, entfernt. […] Mit der Vorderseite der Seitenstraße zugewendet, erhob sich, fast vollendet, ein stattlicher neuer Regierungspalast, den der junge Reina Barrios, der damals Präsident der Republik war, errichtete. Ich weiß nicht, ob er die Vollendung des Unternehmens noch gesehen hat, denn wenige Jahre später fiel er durch ruchlose Mörderhand, nachdem er aus einem Bürgerkrieg als Sieger hervorgegangen war. Er war keiner der Schlechtesten, die auf einem mittelamerikanischen Präsidentenstuhl gesessen haben. Dachte er auch an seinen eigenen Vorteil, so war er doch auch bestrebt, seinem Lande zu nützen, und hatte für mancherlei In-

teresse. Sein Steckenpferd war die Verschönerung seiner Hauptstadt und das Militär. Täglich um die Mittagsstunde wurde auf der Plaza Wachtparade abgehalten, bei der er niemals fehlte. [...]

Seine Verschönerungsgelüste betätigte der Präsident zur Zeit unseres Aufenthaltes durch Erneuerung des Pflasters der Bürgersteige, auch dort, wo es noch ganz gut und dienlich war. Es lag ihm nämlich in landesväterlicher Sorge das Gedeihen einer Aktiengesellschaft am Herzen, zu der er in Beziehung stand und die der Herstellung eines Kunststeines oblag. Ebenso wie das Aufblühen einer unter seinem Protektorate erst kürzlich gegründeten Schuhfabrik, der zuliebe eine Verordnung ergangen war, daß jeder Mann der Republik Stiefel tragen müßte, wofern er als vollgültiger Staatsbürger gelten wollte. Ich weiß nicht, wie sich die Indios zu dieser Verordnung verhielten, nur kann ich versichern, daß es immer noch Barfüßige gibt.

Aber ohne Einfluß bleibt solch zivilisatorischer Eifer nicht auf einfache Gemüter. Schon nach wenigen Tagen waren unsere beiden braunen Jungen, Turibio und Cornelio, nicht wiederzuerkennen: die hübschen, breitrandigen, mexikanischen Hüte waren ebenso verschwunden wie die bequemen Sandalen und die losen Blusenhemden. Statt dessen steckten sie in schlecht

sitzenden europäischen Kleidern und verlangten gar noch, daß ich sie bewundere, während mir doch ganz traurig zu Sinne war, weil ich wieder einmal vor der Frage stand, warum Kultur und Häßlichkeit oft gar so eng verschwistert sind.

Wie es mir in Santa Lucia erging, mögen Briefe erzählen:

Heute ganz früh zog ich mit meinen drei Arbeitern aus. Es dauerte über vier Stunden, ehe wir das Ungetüm von Stein freigelegt hatten, denn er steckte noch ebenso tief in der Erde, als er darüber hinausragte. Natürlich ist die frisch ausgegrabene Hälfte viel besser erhalten als die andere; er ist wirklich «muy galan». Er ist ungefähr 3,75 Meter lang und 3,50 Meter breit, so daß ich ihn in zehn Teilen abzuformen gedenke, die dann immer noch reichlich groß werden.

Die Größe des Steines und seine schräge Lage machten mir, da ich sehr klein bin, wirklich Kummer, denn ich konnte beim besten Willen die mittleren Teile nicht erreichen. Endlich kam Pancho auf den guten Einfall, eine Art Gerüst zu bauen: wir steckten zwei starke, gabelförmige Äste zu beiden Seiten des Steines in die Erde und legten einen anderen quer darüber. Auf diesem konnte ich hocken, während mir der Bursche die eingeweichten Papierblätter zureichte. Auch war das Papier, das man uns nachgeschickt hatte, ziemlich hart und arbeitete sich sehr schwer. Ich kroch am Abend jenes ersten Arbeitstages recht betrübt auf mein Lager. Aber schon am nächsten kehrte mir der Mut zurück.

Da im Hotel spät aufgestanden wird, gehe ich zu einer Frau, wo viele Arrieros frühstücken. Dort bekomme ich sehr gute Schokolade und lockeres «pan de huevos». Dann wandern wir nach Bilbao – eine gute halbe Stunde bis zum Stein – und das Klopfen geht los. Pancho ist nur zum Wasser holen und Papier einweichen zu gebrauchen, und selbst das gelingt ihm nicht immer. Auch beim Lackieren kann er helfen. Nach einem Abschnitt muß ich ausruhen, da ich wie aus dem Wasser gezogen bin; der Schweiß rinnt mir über die Augen. Aber nach einer Viertelstunde kann ich weiterarbeiten. Um elf Uhr gehe ich nach Hause: waschen, umziehen, frühstücken, die Abdrücke vom Tage vorher nähen und lackieren. Dann Mittagbrot. Ein Viertelstündchen wird geplaudert. Dann geht's nochmal nach Bilbao, um das abzuholen, was am Vormittag gemacht wurde und inzwischen getrocknet ist, denn da der Stein außerhalb der eingehegten Pflanzung liegt, könnte doch eine neugierige Kuh oder ein Vogel meine mühsame Arbeit respektlos über Nacht verderben.

Abends geh' ich noch einmal in den Gasthof, um eine Schokolade zu trinken, wobei ich meist noch eine Ansprache finde, und falle schließlich todmüde auf mein Lager. Ich bin froh, daß mir das Klima nichts tut.

Endlich war mein Stein fertig abgeformt. Ein zweiter, nicht ganz so großer Felsblock mit Figuren lag mitten in einer Kaffeepflanzung, ein paar hundert Schritt vom ersten entfernt. Er zeigte zwei Figuren, aber ich konnte ihn nicht photographieren und auch keinen Papierabdruck davon nehmen, da unmittelbar vor ihm ein Kaffeestrauch stand, den der Verwalter durchaus nicht entfernen wollte, obgleich ich ihm den Wert einer fünfmaligen Ernte der Pflanze anbot. Don Sinforoso aber war immer noch auf seiner entfernten Finca. Ein dritter Stein wurde schließlich noch photographiert. Er war kleiner, das Relief zierlicher und mehr abgerieben. Auch er steckt noch ein gut Stück in der Erde.

Ohne Arbeiter, mit einem heimwärts strebenden und daher unwilligen Diener blieb mir nicht übrig, als am 21. Februar meine Tätigkeit einzustellen und von Santa Lucia Abschied zu nehmen. Man trägt aber immer eine stille Liebe im Herzen zu einem Ort, an dem man im Schweiße seines Angesichts gearbeitet hat.

*Die zierliche, resolute Frau CAECILIE SELER-SACHS zog an der Seite ihres Mannes durch Mittelamerika, beteiligte sich an den Forschungen des berühmten Professors, ließ sich vom gefährlichen Klima und den Strapazen nichts anhaben, und veröffentlichte 1925 ein sachlich treffendes, literarisch glänzendes, temperamentvolles Buch über Land und Leute.*

## Aus dem Hochland der Maya

Kaum erwacht der neue Tag über dem Hochlande der Hauptstadt, da knarren die schweren, zweirädrigen Indianerkarreten über das Pflaster, das aus riesigen Andesitsteinplatten zusammengesetzt ist. Dann poltert der Abfuhrwagen vorüber, mit Zopilotes schwarz besetzt; andere der Geier folgen fliegend oder humpelnd hinterher, und wieder andere sitzen beiderseits auf den niedrigen, langen Hausdächern und schließen sich dem Zuge an. Die Sanates aber fahren dazwischen; denn sie sind dazu da, dem schwerfälligeren, immer im schwarzen Gehrock erscheinenden Zope das Leben nach Möglichkeit zu vergrämen. – Draußen an den verstaubten Wegen rauchen die Morgenfeuer der reisenden Indianerfamilien, die sich jetzt aufmachen und zur Stadt hereineilen. Männer mit der hochbeladenen Kakaxte – manche tragen einen Stapel riesiger Tontöpfe, der bis zu den Dachfirsten emporreicht –; Frauen, die selbstgedrehte grobe Zigarette im Mund, welche große Körbe mit Dutzenden übereinandergestapelter Hühner und Truthühner auf dem Kopfe tragen; hinterher trabende, schon unter dem Mecapal keuchende Kinder – alle streben in bunten Reihen und sauber gekleidet, daß die reichen Trachten nur so funkeln im Morgenlicht, dem Mercado zu. Bepackte Mulatrupps drängen sich an den primitiven, bremslosen Karren vorbei, die mit Palmstroh, groben Planen oder Wellblech gedeckt sind und von schweren Ochsen donnernd über das zerfurchte Pflaster geschleppt werden. Mit langem Stock, unter Zischen und Rufen gehen die barfüßigen Treiber nebenher. Reiter, Karren mit Trinkwasser, Gemüseverkäuferinnen, Orchideen- und Vogelhändler, Ladinos mit Süßbrot und Kuchen klopfen an die Türen und rufen ins hallende Haus hinein ihre Waren aus. Auch der indianische Kohlenhändler, der seine Holzkohlen gebrannt hat und sie jetzt in großen Netzen am Mecapal zur Stadt bringt, klopft an; denn nur Holzkohle wird hier in der Küche verwendet, und niemals steigt trübender Qualm aus dem Hause auf. Die großen Posadahöfe und «mesones» stehen voller Tiere, Menschen und Warenlasten; sie erinnern mit ihren Feuern und ihrem bewegten Leben, besonders des Nachts, an Karawansereien und sind ein Rest aus altspanischer Zeit. Die Tiendas mit ihren tausend Kleinigkeiten fürs tägliche Leben, die größeren Geschäftshäuser mit den vielen importierten Waren öffnen sich. Die Straßenbahn, teils von Mulas gezogen, teils von Motoren getrieben, beginnt zu rollen. In abgelegenen Straßen rollt sie auch manchmal ein Stück neben dem

Schlammig-feucht sind die Straßen im tropischen Regenwald des Petén. Ideale klimatische Bedingungen für etwa 300 exotische Vogelarten, die hier, im 576 Quadratkilometer großen Nationalpark von Tikal, zu Hause sind. Regnen kann es in diesem Gebiet zu jeder Jahreszeit, trockener wird es nur in der Zeit zwischen Februar und Mai.

*Bizarres Spiel der Formen im tropischen Regenwald des Nationalparks von Tikal.*

*Mit dem Einbaum hinaus auf den Atitlán-See. 320 Meter ist er an manchen Stellen tief. Das sollte Besucher nicht davon abhalten, einen kleinen Ausflug mit dem Boot zu wagen – entweder mit einem Mietboot oder den normalen Fährverbindungen.*

schlecht gelegten Gleis her und wird von dem geduldigen und immer wohlgelaunten Publikum gelassen wieder zurechtgeschoben. Und wenn der Andrang allzuarg ist, konfisziert der Schaffner vorläufig die Hüte der zahlungsunsicheren Insassen, bis die Fahrtrechnung in Ordnung ist. [...]

Kalt und kristallen klar erwacht der Morgen über Quezaltenango und dem Hochland. Die Stadt liegt 2360 Meter über dem Meer, also in der unteren Abteilung der Tierra fria und bereits im Gebiet möglichen Frostes, in ewig heiterem, durch keinen Winter unterbrochenem sizilianischem Klima, hineingerückt in eine Bucht des großen, von mächtigen Randhöhen umschlossenen Hochbeckens des westlichen vulkanischen Massengebirges. [...]

Weite Handelswege, die von den Reichen der Tolteken und Azteken ehedem bis nach dem fernen Südkontinent zogen, kreuzen hier; sie folgen wie in alten Zeiten den langgedehnten Hochlandsbecken auch heute noch und hielten sich durch die Jahrhunderte der spanischen Herrschaft; und alle Erzeugnisse der verschiedensten Stämme des Landes sind hier auf dem Markt von Quezaltenango zu sehen, der reicher ist als irgendein anderer Guatemalas. Besonders Huipiles, Decken, Wollstoffe von eigentümlicher Webarbeit und altehrwürdig-schönen Mustern werden verkauft, und Früchte von der heißen Küste liegen hier neben Kartoffeln aus den fernen Cuchumatanes. [...]

Wohl hundert Jahre lang war die Hochkultur der Maya bereits im Verfall, als die spanischen Eroberer hereinbrachen. Aber das Hochland hatte jene mündliche Überlieferung bewahrt, daß Calum-Votán sein Volk aus wildem Naturzustand emporgezogen, ihm die Zivilisation gegeben und das Reich Xibalbay gegründet habe; daß neue Invasionen von Norden kämen, die Nahuas, gesandt von Quezalcoahuatl, aus ihrer Hauptstadt Tula; und daß dann das Reich der Quiché sich aus vier Stammesgebieten zusammenschlösse. [...]

Aber als die Spanier ins Land kamen, standen die Quiché in blutigen Fehden mit den Kakchiqueles, ein Zeichen der Zersplitterung, des Niederganges; drei Kriege hatten stattgefunden, und das begünstigte die Absichten Alvarados. [...]

Rauh und von kriegerischem Sinn, verrät dies Volk der Quiché noch heute die Nachkommenschaft eines starken Geschlechtes von anderer Art als die sanfteren Stämme der Verapaz und des Petén, wo eine weichere, feinere Lebenskultur des Mayatums sich erhielt und dem aztekischen und zuletzt dem spanischen Einfluß dauernden Widerstand entgegensetzte, begünstigt

*Bei San Antonio Palapó. Nur zehn Kilometer von dem so ruhigen Ort liegt Panaja-chel, die größte und betriebsamste Stadt am ganzen See. Wegen ihrer großen Anzie-hungskraft auf die Touristen nennen sie die Einhei-mischen auch scherzhaft Gringotenango.*

durch die natürlichen Lagebedingungen jener kaum zu durchdringenden Gebiete.

In Cantel herrscht dichtes Marktgewühl; da viele Dorfschaften sich hier treffen, brodeln die feurig bunten Trachten wie in einem Kaleidoskop in der blendenden Hochlandsonne. Ein Museum könnte hier unbezahlbare Schätze an kostbaren Webmustern zusammenkaufen. In stundenlangem Prüfen finde ich die zahllosen Varianten all der Dörfer zusammen: Die primitiv-schönen stilisierten Zackenmuster von San Cristobal, welche die früheren Federarbeiten verraten, die Würfel- und Mäandermuster, das stark stilisierte Rankenblattmuster auf den Chamarras von Chichicastenango, das jedenfalls aztekischen Ursprungs ist, das Entenmuster der Maya, und alle die in prachtvoller Farbenkomposition hergestellten Perajes, große Umhangtücher, welche sich die indianischen Frauen und Kinder mit unnachahmlicher natürlicher Anmut und fast klassischer Pose malerisch über die linke Schulter schlagen. Auch die Kolben jenes Knöterichgewächses mit rötlichen Früchten, die als Seife dienen, liegen an der Erde.

*Die farbigen Berichte aus dem Hochland der Maya, die FRANZ JOSEPH LENTZ 1930 an das geographische Seminar der Universität Straßburg schickte, sind heute wertvolle Bilder einer durch die Industriegesellschaft und den Tourismus gefährdeten Kultur.*

## Die Maismenschen

Benito Ramos blieb allein zwischen den Izotebäumen zurück. Flammen konnten ihm nichts anhaben. Wozu hat man einen Pakt mit dem Teufel? Er nahm seinem Pferd den Zaum ab und gab ihm die Freiheit. Fledermäuse fielen betäubt und halberstickt zu Boden. Hirsche flogen wie aus einem Blasrohr abgeschossen vorbei. Schwarze Wespen, nach warmem Zuckerrohrfusel stinkend, flohen aus ihren dungfarbenen Bauten, die, halb Bienenstöcke, halb Ameisenhaufen, tief in der Erde sitzen.

Von einem benachbarten Hügel beobachteten menschliche Schatten frohlockend das an allen Wänden des «Bebenden Lochs» emporkletternde Feuer. Flammen in Gestalt von blutigen Händen zeichneten sich auf den durchsichtigen Vorhängen der Luft ab; Hände, von denen das Blut der Hennen tropfte, die bei den Messen auf den Maisfeldern geopfert werden. Die Schatten auf dem Hügel hatten große Sombreros auf dem Kopf und dünne Zigarren zwischen den Zähnen, deren Rauch im Halse brannte wie Nesseln. In schwarzen Jacken und Hosen aus dickem Wolltuch hockten sie im Gestrüpp, ohne mit ihren Hintern den Boden zu berühren. Es waren Calistro, Eusebio, Uperto, Tomás und Roso Tecún. Sie atmeten den Rauch ihrer Zigaretten zur gleichen Zeit ein und aus, und sie unterhielten sich mit leisen, gemessenen und fast tonlosen Stimmen. Calistro sagte: «Usebio hat mit dem Siebenfleckigen Hirsch gesprochen. Der Siebenfleckige, der unter der Erde lag, rief ihn und bat ihn, ihn auszugraben, und Usebio tat es, er grub ihn aus. Der Hirsch hat mit ihm geredet wie einer von uns, mit einer Stimme wie ein Mensch und in menschlicher Sprache. [...] Und sowie das Hirschlein sich auf diesen Stuhl setzte, begannen aus dem Sitz und aus der Lehne Blumen zu wachsen, braune Blumen mit weißen Tupfen. Und auf diesen Blumen krochen viele Würmer, die einen mit grünen Augen und die anderen mit roten oder schwarzen. Zuerst sprühte es wie Funken von all diesen Wurmaugen, bis die Würmer sich beruhigt hatten, und schließlich bedeckten die Würmer den ganzen Stuhl wie ein dickes Plüschpolster. Nachdem das Hirschlein sich auf diesen Stuhl gesetzt hatte, schlug es die Beine übereinander, ganz wie ein Bürgermeister, und sah mich an und lächelte. Und dann lachte es. Und jedesmal, wenn es lachte, schien der Mond ihm zwischen die Lippen, und man sah seine feinen Zähne, die nicht glänzten, sondern nur matt schimmerten wie Kopalharz. Und während es mir zulächelte, zwinkerte es mit einem Auge, mit dem Auge auf der Seite des Herzens, als wenn sich eine goldene Fliege auf das Augenlid gesetzt hätte, und sagte: ›Wisse, Usebio, es ist jetzt die Zeit der Siebenten Ernte, die Zeit, da ich zum siebenten Mal sterben mußte, um wieder lebendig zu werden, denn ich habe sieben Leben wie eine Katze. Ich war einer jener Glühwurmzauberer, die den Kaziken Gaspar Ilóm begleiteten, als die berittene Truppe ihn überfiel. Damals geschah es mir zum ersten Mal. Sechsmal habe ich das Leben verloren und wiedergewonnen. Das siebente Mal traf es mich durch deine Hand, durch deine Kugel, durch deine Geduld, durch dein sicheres Auge, als du mir im Schilfwald auflauertest. Es war gut so. Ich trage es dir nicht nach, daß du mich erschlugst. Jetzt bin ich noch einmal zurückgekehrt, aber nur, um jemanden zu holen, für den wie für mich die Stunde der Siebenten Ernte geschlagen hat.‹»

«Und dies ist die Stunde!» riefen Calistro, Tomás, Uperto und Roso – oder Rosendo, wie die Frauen ihn nannten. Die Männer nannten ihn Roso und die Frauen Rosendo.

«Ja, sie ist es», sagte Eusebio, und während er das Feuer betrachtete, das vom Tembladero heraufstieg, fügte er hinzu: «Als der Hirsch dies gesagt hatte, kratzte er sich hinterm Ohr, dem Ohr auf der Herzseite, gab mir die Hand, die Hand auf der Herzseite, und sprang hin-

unter und davon. Gleich darauf sah ich das Feuer [...].» «Weniger Worte, Jungs. Paßt lieber auf! Sie können jeden Augenblick hier sein. Ich habe sie vorhin vor der Hütte belauscht, wie sie das Mütterchen ausfragten – ob es wahr sei, daß der Heiler tot ist», warnte Roso Tecún.

Ein Kugelregen. Ihre Büchsen waren fast im gleichen Augenblick losgegangen. Bang, bang, bang!

Schweigend betrachteten die Brüder ihr Werk – das, was dort lag, zwischen den tödlichen Dolchen der Izotebäume und den Flammenhänden, den Händen der Opferung auf den Maisfeldern. Viele der Männer, die aus dem Grunde des «Bebenden Lochs» zu entkommen versuchten, wurden von den Kugeln aus dem Sattel geholt, weil man sie mit den Soldaten des Unterleutnants Musús verwechselte. Diese waren umgekehrt, bevor sie den Hinterhalt, wo die Brüder auf sie warteten, erreicht hatten. Wenn sie nun einmal sterben mußten, dachten Musús' Männer, dann war es besser, der Erfüllung der Rache zu dienen, die auf roten Lehmwegen, im Schatten der nackten Fichtenwälder vollstreckt wurde.

*Die Götter haben den Menschen aus Mais geformt. Der Mais ist heilig. Er darf nur zur Nahrung dienen. Spekulation, das Fällen der Bäume, das Abbrennen der Wälder, zerstören die Natur und den Menschen. «Die Maismenschen», der Roman des Nobelpreisträgers MIGUEL ANGEL ASTURIAS von 1949, ist ein gewaltiges Epos, erfüllt von der Tradition Guatemalas und getragen von den Mythen der Maya-Indios.*

## Die Maya grüßen

Vor einigen Wochen waren die zwei Weißen von der Finca «Los Banos» in den Urwald gezogen. Einen ganzen Tag lang hatten sie sich mit der Machete durch den Urwald geschlagen, hatten unzählige Lianen gekappt, waren von Stacheln und nadelscharfen Dornen zerrissen worden. Unweit des Rio Icun trafen sie überraschend auf eine Lichtung. Ein Wirbelsturm hatte in das Leben der Baumriesen gegriffen, hatte die Stämme wie Zündhölzchen geknickt oder samt den Wurzeltellern umgelegt. Der Platz war zum Lagern wie geschaffen. Während der eine die Küche übernahm, strich der andere umher. Da winkte ihm seltenes Glück. Mitten im aufgerissenen Wurzelwerk eines umgelegten Voladorbaumes funkelte es wie Gold! Aus Gold waren die zwei kaum daumenlangen Götterfiguren mit großem Ohrpflock, breitem Tellerhut und sinnendem, magisch fesselndem Blick. Maya-Indianer hatten vor Jahrhunderten hier gelebt und ihre Götter angebetet ...

Zwei Monate darauf zogen wir hinaus, um mehr zu finden. Der ausgehauene Pfad war verwachsen, verschwunden, und abermals mußte der Arm das Busch-

*Steil geht es hinauf zum Wahrzeichen von Tikal, dem 47 Meter hohen Tempel I an der Ostseite der Gran Plaza. Ihren zweiten Namen, Tempel des großen Jaguar, hat die Pyramide einer Darstellung auf dem hölzernen Türsturz oben am Tempelaufbau zu verdanken.*

*Kaum zu sehen über dem grünen Dach des Regenwaldes: die Pyramidenspitzen von Tikal.*

*Am Atitlán-See. Vor dem Vulkan Tolimán haben sich schwere Wolken aufgetürmt, und die Dämmerung senkt sich bereits herab. Gewöhnlich kommt am späten Nachmittag ein starker Wind, der Chocomil, auf*

messer bis zur Ermattung schwingen, mußten schmerzhafte Bisse herabgeschüttelter Ameisen, mußte die Plage der Garapatos, der Zecken, in Kauf genommen werden. Tagelang wurde gesucht, wurde gegen die Urwaldnatur angekämpft. Doch nichts ließ mehr auf weitere Reste längst versunkener Indianerherrlichkeit schließen. Der Sonntag kam, der letzte Tag unserer Expedition. Die Sonne stand schon tief und traf mit ihren schrägen Strahlen die Riesenwedel zweier prachtvoller Corozopalmen, traf auch eine zwei Meter große Schildkröte aus vulkanischem Gestein, die, fast ganz in Smaragdgrün überwuchert, zwischen den Palmen hervorzukommen schien. [...]

Da, ein markerschütternder Schrei! Icohol, unser indianischer Begleiter, war plötzlich vor unseren Augen vom Erdboden verschwunden. Ein unterirdischer Tempelraum, trügerisch durch Lianen verdeckt, wurde ihm zum Verhängnis. Unsere Buschmesser pfiffen durch die Luft. Mit den bloßen Händen griffen wir in Dornen und Ranken, rissen sie beiseite, legten eine gähnende Öffnung bloß, sahen etwas, das uns das Blut erstarren ließ. An die eine Wand der rechteckigen Kammer gelehnt, stand Icohol zu einer Säule erstarrt. Vor ihm aber bedeckte ein Knäuel von Klapperschlangen den Tempelboden. [...]

Wie Kerzen ragten die Schwanzenden empor, als sieben gelbbraune Flämmchen züngelten die Rasseln in der Luft, peitschten sie mit unheimlicher Geschwindigkeit, erzeugten ein durch Mark und Bein gehendes Geräusch, das schaurig von den Steinwänden des Raumes widerhallte. Sieben Riesenleiber aus gewundenem, schillerndem, sonnenfunkelndem Erz, sieben rasselnde, zuckende Flammen, aus den Windungen hervorbrechend, siebenfach aufpeitschendes Rasseln, siebenfach züngelnder, zähnebleckender, giftvoller Tod im Maya-Tempel, ein entsetzliches und doch großartiges Schauspiel!

Nur durch Sekunden waren wir gelähmt geblieben. Dann griffen beherzte Hände zu, rissen an, hoben einen schier Leblosen empor, ehe der Tod hatte ans Werk gehen können.

Trotz Klapperschlangengerassel blieb uns das Glück zunächst treu. In einer Nebenkammer fanden wir prachtvolle Pfeilspitzen und Klingen aus durchscheinendem, messerscharfem Obsidian, zahlreiche Götterfiguren aus rotbraunem Ton und grauer Lava und konnten mit unserer Ernte zufrieden sein.

*Der Abenteurer FRIEDRICH MORTON berichtete in seinem 1950 erschienenen Buch «Abenteuer aus dem Urwald Guatemalas» von seinen Erlebnissen.*

*Warten auf die Fähre am Bootssteg von San Marcos La Laguna, einem kleinen Cakchiquel-Dorf an der Westseite des Atitlán-Sees; die etwa eintausend Einwohner des Ortes leben von der Landwirtschaft.*

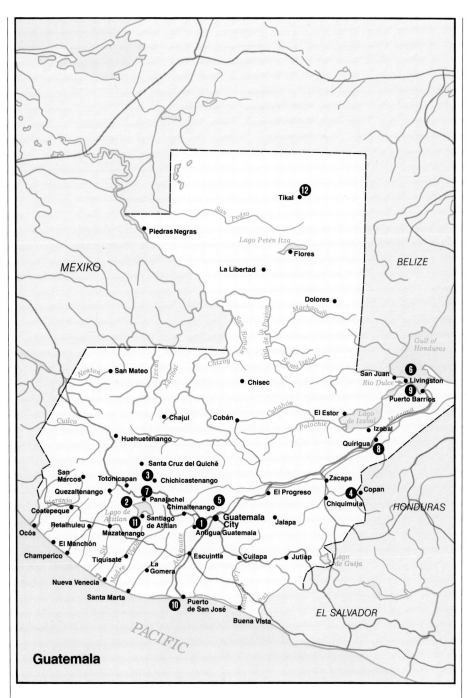

**Guatemala**

Die Jahresdurchschnittstemperatur beträgt 20 Grad Celsius, im Hochland kann die Temperatur nachts unter den Gefrierpunkt fallen; in den Küstengebieten findet man tropisch-schwüle Temperaturen um die 30 Grad. Von Mai bis Oktober herrscht Regenzeit, von November bis April ist es trocken. In dem der Karibik zugewandten Tiefland kann es täglich regnen. Die beste Reisezeit liegt daher im europäischen Winter, wenn es weniger regnet. Wer kann, sollte die Hochsaison zu Weihnachten und

*Marimba-Spieler in Antigua: Traditionelle Musik auf tönernen Schlaginstrumenten.*

Ostern meiden, es sei denn, er/sie hätte ein besonderes Interesse an den Osterfeierlichkeiten.

**SPRACHE.** Die offizielle Staatssprache ist Spanisch, darüber hinaus werden mehr als zwanzig unterschiedliche indianische Sprachen und Dialekte gesprochen. Insbesondere ältere Indios können oft kein Spanisch. Englisch wird nur in der Hauptstadt und in größeren Hotels verstanden.

**WÄHRUNG.** Die guatemaltekische Währung ist der Quetzal; er ist unterteilt in 100 Centavos. Sein Kurs ist am US-Dollar orientiert. Es empfiehlt sich, Reiseschecks in US-Dollars mitzunehmen, da D-Mark und Franken nur in der Hauptstadt bekannt sind. Kleinere US-Dollar-Scheine sind oft sehr nützlich.

**FEIERTAGE UND FIESTAS.** In Guatemala wird viel und gern gefeiert. Der größte Teil der Feste ist religiösen Ursprungs, hat aber heute teilweise weltlichen Charakter. Jedes Dorf verfügt über einen Schutzpatron, dem zu Ehren einmal pro Jahr ausgiebig gefeiert wird (*fiestas patronales*). Ein ausführlicher Festtagskalender ist bei den Touristenämtern erhältlich.

### GUATEMALA:
### DATEN · FAKTEN · ZAHLEN

**LAGE UND GRÖSSE.** Guatemala ist mit 109000 Quadratkilometern das drittgrößte Land Mittelamerikas. Die offiziell angegebene Landesfläche von 132000 Quadratkilometern umfaßt zusätzlich Belize, auf das seit 1859 Anspruch erhoben und das auch auf Guatemalas Landkarten als 23. Department aufgeführt wird. Die Souveränität der ehemaligen britischen Kolonie Belize wird von Großbritannien und den Vereinten Nationen geschützt. Guatemala grenzt im Norden und Westen an Mexiko, im Osten an Belize und Honduras, im Südosten an El Salvador. Die Pazifikküste im Süden ist 350 Kilometer, die Karibikküste im Osten 100 Kilometer lang.

**KLIMA.** Das Land besitzt drei Klimazonen, die weitgehend von der Höhenlage bestimmt werden. Die *Tierra Caliente* reicht bis etwa 800 Meter und ist an den Küsten tropisch-schwül, im Inland heiß und trockener. Die *Tierra Templada* in 800 bis 1700 Meter Höhenlage hat gemäßigtes Klima, hier ist es tagsüber warm und nachts deutlich kühler. Die *Tierra Fria*, über 1700 Meter gelegen, ist die kalte Zone.

Die nationalen Feiertage sind: 1. Januar (Neujahrstag), März/April (Ostern), 1. Mai (Tag der Arbeit), 30. Juni (Tag der Streitkräfte), 15. August (Mariä Himmelfahrt), 15. September (Unabhängigkeitstag), 20. Oktober (Tag der Revolution), 1. November (Allerheiligen), 24./25. Dezember (Weihnachten), 31. Dezember (Silvester).

**KIRCHEN, KLÖSTER UND KOLONIALE GEBÄUDE.** Nach der Eroberung des Landes fand eine intensive Missionierung der

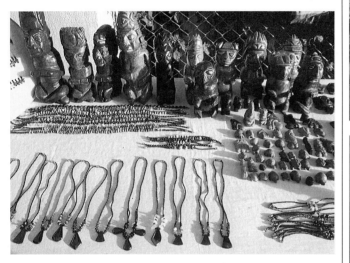

*Auf den Märkten wird indianisches Kunsthandwerk angeboten.*

indianischen Bevölkerung statt. Dominikaner, Augustiner, Franziskaner und Jesuiten folgten den Soldaten auf dem Fuß und begannen bald mit der Errichtung von Klöstern und Kirchen.

Zunächst geschah dies entweder in offener Form, ohne Dach, weil die Indios Versammlungen in geschlossenen Räumen nicht gewohnt waren, oder in Form von trutzigen und wehrhaften Festungen, mit dicken Mauern und kleinen Fensteröffnungen, um Angriffe der Indianer besser abwehren zu können.

Später entwickelten sich die Gebäude zu überreich dekorierten barocken Kunstwerken, bei deren Gestaltung die indianischen Steinmetze und Handwerker nicht unerheblich Anteil hatten. Leider haben Erdbeben einen großen Teil der Kirchen und Klöster zum Einsturz gebracht, und nicht in allen Fällen ist es gelungen, sie wieder aufzubauen. Allein in der Stadt Antigua Guatemala entstanden 34 Klöster, eines schöner als das andere, die zum großen Teil noch in Trümmern liegen.

Auch die Wohnhäuser der Spanier wurden großzügig angelegt. Oft umfassen sie einen ganzen Straßenblock und verfügen über mehrere Patios mit Brunnen, die teilweise zu kunstvollen Gärten ausgebaut

*Links: Traditionelle indianische Stickerei.*

*Kinderüberraschung: Zum Geburtstag gibt's mit Süßigkeiten gefüllte Figuren aus Pappmaché.*

wurden. War das Gebäude zweistöckig, verlief im Patio über dem unteren Arkadengang eine Art Galerie. Die Verwaltungsgebäude der spanischen Herren und die Residenzen ihrer Statthalter erweiterten sich zu prunkvollen Palästen.

Da heutzutage oft Verwaltung und auch Museen in den ehemaligen Herrenhäusern untergebracht sind, ergibt sich für den Besucher manche Gelegenheit, die ehemalige spanische Pracht in Augenschein zu nehmen.

Wenn solche Häuser in Hotels umgewandelt wurden, kann man sogar ein paar Tage in diesem Ambiente verbringen, zum Beispiel in der Posada de Don Rodrigo in Antigua Guatemala.

**KUNSTHANDWERK.** Bedingt durch den hohen Anteil der indianischen Bevölkerung finden Touristen eine unüberschaubare Vielzahl von Kunsthandwerksprodukten, die überwiegend in Handarbeit gefertigt werden. Zu den beliebtesten (und typischen) Artikeln gehören Webarbeiten in ausgesucht schönen Farbkombinationen und mit traditionellen indianischen Mustern wie Blusen, Tücher, Hemden, Hosen, Gürtel, Tischdecken, Taschen und Wandteppiche. Die Preise sind durchweg niedrig, zumal wenn man bedenkt, daß die Webarbeiten oft Wochen und Monate in Anspruch nehmen.

Beim Kauf sollte man auf die Verarbeitung der Nähte sowie auf das verwendete Material (Naturfasern sollte man bevorzugen) achten. Zur Orientierung dienen die Preise in den Geschäften, denn auf den Märkten wird gehandelt. Wegen der bunten und quirligen Atmosphäre macht der Einkauf hier nicht nur mehr Spaß, darüber hinaus kommt das Geld auch direkt den Herstellern zugute.

## AUSKUNFT

INGUAT (Instituto Guatemalteco de Turismo) unterhält Informationsstellen in allen größeren und touristisch relevanten Orten Guatemalas. Sitz in Guatemala City: 7a Av. 1–17, Centro Civico, Zona 4, Tel. 31133. Kontaktadresse in Deutschland: INGUAT-Büro, Spaldingstr. 1/IV, 2000 Hamburg 1,

Tel. 040-232691. Botschaft von Guatemala: Zietenstr. 16, 5300 Bonn 2, Tel. 0228-351579.

## ANREISE

Der einfachste Weg führt über Miami. Dorthin verkehren von Hamburg, Frankfurt, München und Düsseldorf aus täglich mehrere Fluggesellschaften, unter anderem PanAm und American Airlines sowie LTU. Von Miami gibt es täglich mehrere Flüge nach Guatemala City. Iberia fliegt täglich von mehreren deutschen Städten sowie Genf, Zürich und Wien über Madrid nach Guatemala City. Sabena verkehrt mehrmals wöchentlich über Brüssel, KLM über Amsterdam nach Guatemala.

## VERKEHRSMITTEL

Das Eisenbahnnetz umfaßt zwar 900 Kilometer, dient jedoch überwiegend dem Güterverkehr. Der Zug von Guatemala City nach Puerto Barrios an der Karibikküste verkehrt zweimal wöchentlich, die Fahrt dauert zwölf bis fünfzehn Stunden. Für die relativ kurze Strecke von der Hauptstadt über Escuintla zum Pazifikhafen San José braucht der Zug zehn Stunden. Die Fahrt ist langsam und recht unbequem, aber außerordentlich preiswert.

Mit dem Bus erreicht man in Guatemala alle Orte. Auf längeren Strecken und zwischen größeren Städten verkehren schnelle Erster-Klasse-Busse, in denen man einen festen Sitzplatz erhält. Kürzere Strecken und kleinere Ortschaften auf dem Lande werden von Zweiter-Klasse-Bussen bedient; sie sind langsam, laut, eng und immer überfüllt. Auch das Busfahren ist sehr preiswert.

Inlandflüge werden von mehreren Gesellschaften angeboten, jedoch nur zwischen der Hauptstadt und Tikal. Hier gibt es täglich mehrmals Verbindungen, die meisten Flugzeuge landen in Santa Elena, 50 Kilometer südlich von Tikal; kleinere Chartermaschinen landen auch auf der Piste direkt neben der archäologischen Stätte.

Taxis sind in der Hauptstadt nicht leicht zu finden und teurer als im übrigen Land. Im Fernverkehr ist jedoch auch das Taxi ein preiswertes Verkehrsmittel, vom Flughafen zum 45 Kilometer entfernt liegenden Antigua zum Beispiel zahlt man 70 Quetzales, also etwa zwölf US-Dollar.

Die meisten Straßen Guatemalas sind geteert, nur auf der 500 Kilometer langen Strecke nach Tikal sind noch einige Abschnitte unbefestigt. Dies macht die Tour in der Regenzeit zu einer langwierigen Angelegenheit. Die touristisch bedeutsamen Orte und Sehenswürdigkeiten sind jedoch alle auf befestigten Straßen gut erreichbar. Da in Guatemala keine Versicherungspflicht besteht, ist der Abschluß einer Unfall- und Fahrzeugversicherung ratsam, wenn man sich einen Wagen mietet.

## ÜBERNACHTUNG

In den von Touristen besuchten Orten findet man Unterkünfte in allen Preisklassen. Internationale Hotelketten sind jedoch selten und hauptsächlich in Guatemala City anzutreffen. Reizvoll sind die Gästezimmer in kolonialen Häusern, die über ein Ambiente verfügen, das wohl einmalig ist. Preisbewußte Urlauber bevorzugen die sogenannten «Casa de Huéspedes», kleine, familiär geführte Herbergen. Da es im Hochland nachts empfindlich kalt werden kann, sollte man auf einen offenen Kamin und warme Wolldecken achten, Zentralheizung ist weitgehend unbekannt. In Hotels werden zehn Prozent INGUAT-Steuern und sieben Prozent Mehrwertsteuer auf den Zimmerpreis addiert, in kleineren Häusern ist dieser Zuschlag meist schon im Preis berücksichtigt. Insgesamt liegt das Preisniveau erheblich unter dem europäischen.

## ESSEN UND TRINKEN

In Guatemala startet man mit einem reichhaltigen Frühstück (*Desayuno*) in den Tag: Es beginnt mit einem (meist frischgepreßten) Obstsaft oder einer Fruchtplatte mit Bananen, Mango, Ananas, Melone und Papaya, darauf folgen Kaffee und Brot sowie ein Eiergericht, auf Wunsch mit Tomaten, gebackenem Bohnenpüree (*Frijoles Refritos*, einer Spezialität des Landes) und Speck.

Ein in ganz Mittelamerika anzutreffender Grundbestandteil der Nahrung ist die *Tortilla*, ein runder, dünner Maismehlfladen, den die Menschen in zahlreichen Variationen zuzubereiten wissen. Beliebt sind *Enchiladas* (in Tortillas eingewickelte Gemüse- und Fleischstückchen), *Tostadas* (Gemüse, Käse und Fleisch, das auf einer knusprig gebratenen Tortilla ausgebreitet wird) sowie *Enchiladas Suizas* (mit viel würzigem Käse). Tortilla-Stückchen enthalten auch diverse Suppen, zum Beispiel die *Sopa de Aztecas*. *Carne Asada* nennt man dünne Fleischscheiben, die mit Gemüsen und mitunter recht scharfen Gewürzen gefüllt werden.

In den besseren Restaurants wird als Vorspeise gerne *Ceviche* serviert: ein Meeresfrüchtecocktail mit viel Limonensaft. Überall an der Küste wird die Speisekarte auf das vortrefflichste ergänzt mit fangfrischen Muscheln, Fischen, Hummer, Krabben und Garnelen. Kreolisch inspirierte Gerichte serviert man Ihnen an der Karibikküste des Landes.

Recht vielfältig ist auch die Palette der zur Verfügung stehenden Restaurants, sie reicht von der einfachen Garküche am Straßenrand über Schnellrestaurants nordamerikanischer Prägung bis hin zu Lokalen mit ausgezeichneter einheimischer und internationaler Küche. In den großen Touristenhotels bemüht man sich häufig um eine europäische Küche, was nicht immer von Vorteil für Qualität und Geschmack der Gerichte ist. Achten Sie auf die *Comida Corrida*, ein preiswertes, täglich wechselndes Gericht nach Art des Landes.

## GESUNDHEIT

Unumgänglich, aber meist harmlos sind Durchfallerkrankungen, hervorgerufen durch den plötzlichen Klimawechsel, das ungewohnte Essen, große Höhenunterschiede sowie Überanstrengung. Deshalb: während der ersten Urlaubstage alles langsam angehen lassen, stets kleine Pausen einlegen, auch bei großer Hitze Getränke immer ohne Eiswürfel (*sin hielo*) bestellen, in einfachen Lokalen auf Rohkostsalate, geschältes Obst und Speiseeis verzichten. Gegen Malaria und Thyphus sollte man sich rechtzeitig vor Reiseantritt impfen lassen, Gesundheitsämter informieren über eventuell grassierende Erkrankungen. Anzuraten sind außerdem Tetanus- und Polio-Impfungen.

## VERHALTEN IM ALLTAG

Die Guatemalteken sind Fremden gegenüber außerordentlich höflich. Spricht man zudem noch einige Worte Spanisch (das immer dem Englischen vorzuziehen ist), so kann man überall mit einer freundlichen Aufnahme rechnen. Einstellen sollte man sich auf die lateinamerikanische Mentalität: Die Menschen habe es selten eilig, das meiste kann auch «mañana», morgen,

*Links: Einladung in eine verträumte Welt – Allee in Antigua.*

*Rechts: Im Innenhof des Klosters Santa Clara in Antigua.*

*Unten: Das Kloster La Merced in Antigua, erbaut zwischen 1541 und 1584.*

*Rechts: Museo de Arte Colonial in der Universität San Carlos in Antigua.*

*Oben: Antigua, Blick auf den Vulkan Agua.*
*Links: Santa Cruz am Stadtrand von Antigua.*

erledigt werden. Mit deutschen Vorstellungen über Pünktlichkeit und Disziplin erleidet man hier rasch Schiffbruch. Daher gilt: unter keinen Umständen laut und hektisch werden, dadurch macht man sich nicht nur lächerlich, sondern verlangsamt die jeweilige Angelegenheit nur noch zusätzlich. Denn auch in besseren Restaurants passiert es, daß einem die Bedienung mit der freundlichen Bemerkung «un momentito» (sofort) ganze Ewigkeiten warten läßt.

## SEHENSWERTE ORTE

*Ziffern im Kreis verweisen auf die Karte, kursive Ziffern auf Farbabbildungen.*

**ANTIGUA GUATEMALA** ①. Die südlich von Guatemala City liegende Stadt (30 000 Einwohner) hält die Erinnerung an die spanische Kolonialzeit wach. Antigua liegt in einem herrlichen Tal, umgeben von Kaffeeplantagen und Vulkanen. Morgens steigt der Nebel nur langsam auf und gibt den Blick frei auf die Naturschönheiten der Umgebung. Die Stadt, die zu den beliebtesten Touristenorten des Landes zählt, ist ein barockes Juwel und steht seit langem unter Denkmalschutz. In den kopfsteingepflasterten Gassen scheint die Zeit stillzustehen, selbst die vielen fremden Besucher können die Atmosphäre nicht zerstören. Überall stößt man auf Zeugen der Vergangenheit, auf kolonialzeitliche Prachtbauten, Kirchen und Klöster. Da Antigua während zweier Erdbeben (1773 und 1976) stark beschädigt wurde, sind einige der alten Bauwerke allerdings in beklagenswertem Zustand.

Zentrum der Stadt ist die *Plaza Mayor*, umrahmt von gewaltigen Arkadengängen, Museen und Palästen. Zweimal pro Woche treffen sich die Indianer der umliegenden Dörfer, um einen der farbenprächtigsten und größten Märkte des Landes abzuhalten. Verkauft werden überwiegend handgewebte, farbenfrohe Textilien in hervorragender Qualität. Für die Besichtigung der zahlreichen Baudenkmäler sollte man mindestens zwei Tage einplanen. Man übernachtet in kolonialen Hotels mit romantischen Innenhöfen. Zu den schönsten gehört die *Posada de Don Rodrigo* mit Arkaden, antiken Brunnen, kleinen Rosengärten und mehreren verschwiegenen Patios. *4/5, 14, 15, 17, 18/19, 21, 29*

**ATITLÁN-SEE** ②. Ohne Übertreibung: der Atitlán-See gehört zu den schönsten Seen der Welt. Zunächst ist es seine Lage: der 150 Quadratkilometer große See schmiegt sich in ein Tal in 1560 Meter Höhe, umrahmt von vier Vulkanen und Gebirgen. Seine Naturschönheiten haben schon zahlreiche Reisende zu poetischen oder, je nach Temperament, begeisterten Ausrufen veranlaßt. Abhängig von der Tageszeit schimmert der See in tiefem Blau oder Grün, im Hintergrund leuchten Hibiskus und Bougainvillea in allen möglichen Rotabstufungen.

Die umgebenden Berge dominieren in Grün und tiefem Gold. Kleine und kleinste Inseln liegen im See, an dessen Ufern seltene Vögel nisten. Die Angehörigen von drei Indiostämmen, nämlich Quiché, Tzutuhil und Cakchiquel, siedeln in den Städten und Dörfern am Rande des Sees. Die meisten haben ihr traditionelles Leben beibehalten, die alten Dialekte werden gesprochen, und nach wie vor tragen die Bewohner der Dörfer ihre unterschiedlichen Trachten.

Der Tourismus konzentriert sich weitgehend auf die größte Stadt, nämlich *Panajachel. 6/7, 40, 41, 46, 47*

brauchtwaren, Kunstgewerbeartikel und Textilien. Der Markt zählt neben dem von Antigua und Sololá zu den größten und farbenprächtigsten des Landes. Die traditionelle Tracht der Männer besteht aus ei-

*Links oben: Indios auf dem Weg zum Markt.*

*Oben: Maisverkauf in Chichicastenango.*

*Links: Die Stufen führen zur berühmten Kolonialkirche El Calvario in Coban.*

**CHICHICASTENANGO** ③. Das kleine Dorf (7000 Einwohner, 150 km nordwestlich von Guatemala City) ist außerordentlich hübsch: Schmale Gassen mit Kopfsteinpflaster und gepflegte weißgekalkte Häuschen liegen in einem von hohen Bergen umrahmten Tal. Anziehungspunkt für die Touristen sind die beiden wöchentlichen Markttage (donnerstags und sonntags), zu denen auch die vielen in der näheren Umgebung siedelnden Quiché-Indianer anreisen. Auf der großen Plaza zwischen den beiden Kirchen bauen dann etwa 1000 Händler ihre Stände auf, in den umliegenden Straßen stapelt sich die Ware auf dem Fußboden. Verkauft werden neben landwirtschaftlichen Produkten auch Ge-

ner bestickten Weste und einer schwarzen, am Knie endenden Hose sowie einem ebenfalls bestickten Stirnband. Während die Männer zunehmend westliche Kleidung bevorzugen, tragen ihre Frauen weiterhin die rotbestickten Blusen, *huipiles* genannt, und bunten Tücher.

Wahrzeichen von Chichiacastenango ist die 1540 von Dominikanern erbaute *Santo Tomás-Kirche*, das religiöse und kulturelle Zentrum des Dorfes. Hier tritt, wie nirgendwo sonst im Lande, die Synthese zwischen Katholizismus und vorspanischen Maya-Ritualen zutage. Die Heiligenfiguren im Kircheninneren tragen indianische Trachten. Ständig wird Kopal-Harz verbrannt, Indios bringen ihre Blumen-

und Kerzenopfer dar und beten zu ihren alten Göttern. Um die Rituale auf der Außentreppe nicht zu behindern und das religiöse Empfinden der Menschen nicht zu verletzen, sollten Touristen den Nebenein-

*Oben: Zentralfriedhof von Guatemala City.*

*Rechts oben: In der Iglesia de la Merced in Guatemala City.*

*Rechts: Im Palacio Nacional in Guatemala City.*

gang (vom ehemaligen Klosterhof aus) in die Kirche benutzen. In dem nebenan liegenden Kloster wurde im 17. Jahrhundert die «Bibel der Maya», nämlich das Quiché-Buch über den Schöpfungsmythos (berühmt geworden unter dem Namen *Popol Vuh*) gefunden.

Übernachten kann man hier im vielleicht schönsten Hotel Guatemalas, dem *Maya Inn* an der Plaza, einem perfekt restaurierten und spanisch möblierten Herrenhaus aus der Kolonialzeit. Der Aufenthalt in Chichicastenango sollte nicht zu Ende gehen ohne einen Spaziergang zum Opferhügel *Pascual Abaj* am Stadtrand, wo immer präkolumbische religiöse Rituale stattfinden. *2, 22, 23, 25, 26/27, 30, 31*

**COPAN** ④. Ein Besuch in Guatemala ist unvollständig ohne einen grenzüberschreitenden Ausflug nach Copán. Wegen des schlechten Streckenzustandes (teilweise ungeteerte Pisten mit Schlaglöchern) ist die Busfahrt von Chiquimulá (90 km) etwas beschwerlich. Die Pyramidenstätte, die vierzehn Kilometer hinter der guatemaltekischen Grenze in Honduras liegt, zählt mit Palenque, Chichén Itzá, Uxmal (alle in Mexiko) sowie Tikal zu den großen Stadtstaaten der Maya-Welt.

Vermutlich begann bereits um 1000 v. Chr. die Besiedlung des fruchtbaren Copán-Tales, doch erst während der Klassischen Periode (200–900 n. Chr.) nahm das an einem Flußlauf errichtete Zeremonialzen-

trum seine heutige Form an. Nachhaltig beeindruckend ist die riesige, 30 Hektar umfassende Parkanlage sowie die Geschlossenheit der zentralen Plaza mit den umliegenden Tempeln und Palästen. Ein faszinierendes Bauwerk ist die *Hieroglyphentreppe*. Die Stufen dieser knapp 30 Meter hohen und zehn Meter breiten hell schimmernden Freitreppe sind mit Tausenden von Hieroglyphen verziert. Dieser längste aller bisher gefundenen Maya-Texte enthält vermutlich eine Maya-Chronik. Nur wenige Kilometer entfernt liegt das kleine Dorf *Copán Ruinas*, mit steilen Kopfsteinpflastergassen, weißgekalkten Häusern und mehreren preiswerten Unterkünften.

**GUATEMALA CITY** ⑤. Die Hauptstadt des Landes (1,5 Mio. Einwohner), von den hier lebenden Menschen nur «Guate» gerufen, liegt auf 1500 Meter Höhe in der Sierra Madre und ist das wirtschaftliche und kulturelle Zentrum des Landes. Die 1775 als Hauptstadt gegründete Ciudad de Guatemala zeigt die typische schachbrettartige Form kolonialzeitlicher Architektur, verfügt jedoch – aufgrund mehrerer schwerer Erdbeben – über nur wenige historische Bauwerke.

Das *Museo Nacional de Arqueologia y Etnologia* im Aurora-Park macht auf anschauliche Weise mit dem präkolumbischen Erbe des Landes vertraut. Es enthält Modelle der wichtigsten archäologischen Stätten sowie eine Ausstellung über das Leben der Maya-Völker. Am Parque Central, der Hauptplaza der Stadt, liegt der gewaltige *Palacio Nacional*, im kolonialen Stil erst in diesem Jahrhundert von dem Diktator Jorge Ubico erbaut. Ein Spaziergang durch das Gebäude lohnt sich wegen der vielen neoklassischen Feinheiten in der Ausstattung und der Wandgemälde von Alfredo Galvez Suárez.

Der Platz wird flankiert von der städtischen *Kathedrale*, um 1800 erbaut, die stark unter dem Erdbeben von 1976 litt, und dem *Palast des Erzbischofs*. Die archäologische Ausgrabungsstätte Kaminal Juyú am westlichen Stadtrand besteht nur aus wenigen Hügeln; sie lohnt kaum einen Besuch.

Tosender Autoverkehr, hohe Bevölkerungsdichte, Wolkenkratzer und deutlich weniger Indios im Stadtgebiet sind Hinweise darauf, daß sich das Leben in Guatemala City grundlegend von dem im übrigen Land unterscheidet. Am Stadtrand haben sich Fabriken und größere Unternehmen angesiedelt. Hier leben in einfachsten Behausungen auch viele Zugezogene, Menschen, die darauf hoffen, daß auch sie von den besseren Arbeits- und Lebensbedingungen der Großstadt profitieren werden. *9, 10, 11, 13, 33*

**LIVINGSTON** ⑥. Nach Livingston gelangt man nur über das Wasser, entweder mit der Fähre von *Puerto Barrios* oder mit einem Boot über den *Rio Dulce*. Das 3500 Einwohner zählende Städtchen liegt male-

*Die Stele E in Quirigua wiegt 65 Tonnen.*

risch auf einem Hügel über der Karibischen See und der Mündung des Rio Dulce. Die Atmosphäre ist unverfälscht karibisch. Mondäne Hotels und Nachtclubs wird man hier vergeblich suchen. Statt dessen erwartet einen eine ruhige, fast verschlafen wirkende Stadt mit buntgestrichenen, teilweise auf Pfählen stehenden Holzhäusern, Palmen und schönem Strand. Man hat nicht viel zu tun, döst in der Hängematte, hört Musik oder bummelt über die staubige Hauptstraße. Aus *Margoth's Restaurant* strömen verführerische Gerüche, hier gibt es preiswerte karibisch-afrikanische Küche und scharf gewürzte Meeresspezialitäten. Wer es vornehmer mag, sitzt abends unter dem brennenden Kronleuchter des *African Palace*, der Nachbildung eines kleinen maurischen Palastes und Treffpunkt von Individualreisenden aus aller Welt. Die Einwohner von Livingston sind überwiegend Kariben, die sich Garífuna nennen und im

18. Jahrhundert als Sklaven aus Jamaica nach Honduras geschafft wurden. Heute bewohnen sie die gesamte karibische Küste von Belize bis Nicaragua. Viele von ihnen sprechen noch immer eine afrikanische Sprache, darüber hinaus Spanisch, Englisch und ein wenig Holländisch. Alljährlich am 15. Mai begehen die Garífuna ein ausgelassenes Fest, an dem sie ihrer Ankunft in Guatemala gedenken. Bei Beerdigungen ist es hier noch immer Brauch, den Verstorbenen mehrere Nächte mit Trommelschlag und rythmischem Gesang auf seinem Weg ins Jenseits zu begleiten.

**PANAJACHEL** ⑦. Nahezu alle Besucher des Atitlán-Sees wohnen in dem an seinem Nordufer liegenden Panajachel (6000 Einwohner). Die Stadt verfügt über eine große Anzahl von Unterkünften in allen Preiskategorien, die teureren Hotels liegen meist am See. Das angenehme Klima und die niedrigen Lebenshaltungskosten haben dazu geführt, daß sich mittlerweile eine Kolonie US-Amerikaner hier niedergelassen hat. Viele arbeiten im Tourismusgeschäft, haben kleine Restaurants eröffnet oder vermieten Zimmer.
Zahlreiche Ausflugsmöglichkeiten führen per Boot zu rund einem Dutzend Indiodörfer am Rande des Sees. Einige lassen sich auch auf Spazierwegen am Seeufer erreichen. Besonders malerisch ist der Weg durch die verlassene *Finca Buena Ventura* auf dem Weg nach *San Jorge la Laguna*. Abends sitzt man angenehm in den offenen Fischrestaurants an der *Playa Pública* mit Blick auf die Vulkane *San Pedro, Tolimán* und *Atitlán*, alle drei über 3000 Meter hoch. Freitags sollte man die steile Straße nach *Sololá* hinauffahren, die immer wieder phantastische Ausblicke über den See, seine Dörfer und Vulkane erlaubt; belohnt wird man mit einem ursprünglichen Indiomarkt, der vom Fremdenverkehr noch nicht erschlossen ist.

**QUIRIGUA** ⑧. Inmitten einer riesigen Bananenpflanzung liegt der Nationalpark Quiriguá am Nordufer des *Rio Motagua*, des längsten Flusses Guatemalas, etwa 100 Kilometer südlich von *Puerto Barrios* und 200 Kilometer nordöstlich der Hauptstadt. Die archäologische Stätte enthält die größten, besterhaltenen und eindrucksvollsten Stelen der gesamten Maya-Welt sowie Altäre und *Zoomorphen*, riesige steinerne Gebilde, die mehrere Tiere bzw. Fabelwesen darstellen. Es sind die Stelen und nicht

die ebenfalls eindrucksvollen Pyramiden (an der zentralen Plaza), die die Bedeutung Quiriguás begründen.
Vermutlich wurde die Stätte Ende des 5. Jahrhunderts von Siedlern aus dem nur 50 Kilometer entfernten *Copán* (im heutigen Honduras) gegründet, die auf dem Wasserweg hierher gelangten. Fast alle Stelen, riesige monolithische Körper aus grau-weiß schimmerndem Stein, entstanden zwischen 720 und 790, in einem Zeitraum von nur 70 Jahren. Eine der größten Stelen (Stele E) mißt 10,67 mal 5,25 Meter

*Dächer aus Palmwedeln schützen die Stelen im Nationalpark von Quirigua vor dem Regen.*

und wiegt 65 Tonnen. Sie ist auf der guatemaltekischen 10-Centavos-Münze abgebildet. Wenn man bedenkt, daß die Maya weder das Rad noch Zugtiere kannten, müssen vermutlich Hunderte von Männern die riesigen Sandsteinklötze aus den nördlich gelegenen Bergen hierher transportiert haben. Die meisten Stelen zeigen auf einer Seite eine stilisierte menschliche Figur, oft einen Priesterkönig, jedoch auch weltliche Herrscher. Zahllose Glyphen geben der Nachwelt Auskunft über deren Ruhmesleistungen. Bisher ist jedoch nur ein kleiner Teil dieser Schriftzeichen entziffert worden. Von besonderem Interesse sind auch die *Zoomorphen*, die man bisher nur noch im benachbarten Copán entdeckte. Die Figuren stammen ausnahmslos aus der Periode zwischen 780 und 795. Die Funktion dieser mythischen Fabelwesen ist noch immer ungeklärt. Einige Forscher schließen aus der kurzen Entstehungsperiode, daß es sich bei den Figuren um das Hobby eines Königs dieser Zeit gehandelt hat.
Ein Spaziergang über den dichten weichen Rasen der *Plaza Principal*, gesäumt

von Hügeln, unter denen sich zweifellos weitere Gebäude der Maya verbergen, zwischen Stelen, Altären und Zoomorphen, immer mit Blick auf die teilweise ausgegrabene Akropolis am Südrand der Plaza und immer mit dem Gezwitscher unzähliger tropischer Vögel im Ohr, gehört zu den eindrucksvollsten Erlebnissen in Guatemala.

**RIO DULCE** ⑨. Der *Lago de Izabal*, mit 48 mal 24 Kilometern größter See Guatemalas, liegt im Osten des Landes und mün-

*Wasserfall im Biotopo del Quetzal.*

det über den Rio Dulce bei Livingston in die Karibik. Sowohl See als auch Fluß sind ein Paradies für Naturliebhaber. Mit dem Boot fährt man durch grün schimmerndes Wasser, weit über die Ufer neigen sich wild wuchernde tropische Bäume und Sträucher. Aufgeschreckte Vogelschwärme erheben sich mit schnellem Flügelschlag in die Lüfte, Reiher beobachten von ihren Baumstämmen aus reglos die Szenerie. Die Fahrt führt entlang an palmblattgedeckten Hütten, aus denen einem Kinder fröhlich zuwinken, aber auch an komfortablen Hotelanlagen.

Sehenswert ist das *Castillo San Felipe de Lara* am Ausgang des Sees. Das im 17. Jahrhundert von den Spaniern als Schutz gegen häufige Seeräuberüberfälle errichtete Bauwerk ist hervorragend restauriert und verfügt über einige Freizeitanlagen wie Restaurant und Schwimmbad. Die vom Aussterben bedrohten Rundschwanzseekühe (Manatís) sind zuhause im *Biotopo Chocón Machacas* am Nordufer des Rio Dulce. Wenn man auch keines der seltenen Tiere zu Gesicht bekommen mag, so lohnt sich doch ein Besuch des Reservates allein

schon wegen der herrlichen Wanderwege durch den tropischen Wald. Auch mit dem Boot lassen sich die zahlreichen Wasserwege des Biotopo erkunden.

**SAN JOSÉ** ⑩. Auf dem Weg in das etwa 100 Kilometer südlich der Hauptstadt am Pazifik liegende San José gelangt man nach 30 Kilometern zunächst an den *Lago de Amatitlán*. Über den heißen Quellen am Seeufer wurden Thermalbäder und Hotels gebaut. Vom Park *Las Ninfas* führt eine Seilbahn (Teleférico) hinauf in den »Park der Vereinten Nationen« mit zahlreichen Sehenswürdigkeiten und vor allen Dingen einem wundervollen Blick auf den See, die gleichnamige Stadt und den dahinter liegenden Vulkan *Pacaya*.

Wenige Kilometer südlich des Sees zweigt von der Hauptstraße eine Schotterstraße zehn Kilometer in östlicher Richtung zum Dorf San Vicente ab, von wo aus sich der Pacaya-Vulkan (2550 m) besteigen läßt. Den seit 1965 aktiven Vulkan kann man von einem Plateau und einem älteren Kraterrand aus der Nähe besehen: rotglühende Lava zischt und brodelt aus dem Krater, ein Schauspiel, das besonders bei Nacht beeindruckt. Auch von der Hauptstraße sieht man den Vulkan rauchen. Drei Kilometer weiter führt ein Abstecher in die Kleinstadt *Palín*, den man sich nicht entgehen lassen sollte. Auf der zentralen Plaza steht ein jahrhundertealter Ceiba-Baum, mit einem Durchmesser der Krone von 60 Metern, der dem mittwochs und sonntags stattfindenden Markt den nötigen Schatten spendet. Vom Ort sieht man die Vulkane *Fuego* und *Acatenango*.

Von *Escuintla*, einer weniger attraktiven Stadt, erreicht man *La Democrácia* mit zahlreichen bedeutenden Skulpturen auf ihrem Marktplatz. Die 2500 bis 3000 Jahre alten Köpfe erinnern an die Olmekenfiguren aus Mexiko; sie wurden bei landwirtschaftlichen Arbeiten gefunden.

Der Hafen San José, 1953 gegründet, hat heute 12000 Einwohner. Ein beträchtlicher Teil des guatemaltekischen Exports wird hier abgewickelt. Die Stadt selbst ist wesentlich älter und verfügt seit 100 Jahren über einen Eisenbahnanschluß zur Hauptstadt. Von Westen verläuft parallel zur Küste der *Canal de Chiquimulilla*, führt durch die Stadt und weiter zur Grenze von El Salvador. Mit flachen Booten läßt sich der Schiffahrtsweg befahren, man erreicht dabei schöne Vulkansandstrände und ein Naturschutzgebiet.

**SANTIAGO DE ATITLÁN** ⑪. Die nahezu ausschließlich von Tzutuhil-Indios bewohnte Stadt (16000 Einwohner) liegt am Atitlán-See gegenüber von *Panajachel*. Da es nur wenige und einfache Unterkünfte gibt, besuchen Touristen den Ort meist in Tagesausflügen per Boot. Die einstige Hauptstadt der Tzutuhil fungierte während der spanischen Kolonialzeit als wichtige Missionsstation. Heute ist Santiago de Atitlán nicht nur der schönste Ort am See, sondern auch einer der reizvollsten des ganzen Landes. Wie vor Hunderten von

*Oben: Kanufahrt auf dem Rio Dulce.*
*Mitte: Wildpfau im Nationalpark von Tikal.*
*Unten: Hoch oben in der Baumkrone: ein Tukan.*

Jahren leben die Indianer ihr traditionelles Leben, das dem Außenstehenden zwar farbig und romantisch vorkommt, für die Menschen aber hart und entbehrungsreich ist. Noch immer waschen die Frauen ihre Kleidung im Fluß und am Seeufer, umringt von einer stattlichen Anzahl Kinder.

Zu den meisten Indio-Häusern gehört ein kleines Stück Land, auf dem Mais oder Kaffee angebaut wird. Besonders sehenswert sind eine *Franziskaner-Kirche* mit dazugehörigem Kloster aus dem Jahre 1568 sowie die vielen Natursteingebäude der Einheimischen.

**TIKAL** ⑫. Tikal, «der Ort, wo Geisterstimmen erklingen», im nördlichen Dschungel Guatemalas, dem Petén, gelegen, ist die eindrucksvollste und besterhaltene Pyramiden- und Tempelanlage der Maya in Zentralamerika, ein Muß für jeden Besucher des Landes. Die präkolumbische Stätte liegt etwa 320 Kilometer (Luftlinie) nördlich von Guatemala City in dem knapp 600 Quadratkilometer großen Dschungel des Tikal-Nationalparks. Das einstige Kultzentrum der Maya in seiner heute bestehenden Form wurde vermutlich um 250 n. Chr. erbaut. Zu dieser Zeit war die Stätte schon einige hundert Jahre besiedelt. Denn bereits 600 v. Chr. waren Maya in den Petén eingewandert und hatten sich in Tikal niedergelassen. Der Urwald wurde gerodet und Mais, Bohnen und Feldfrüchte angebaut, Wasserreservoirs wurden angelegt; es wurden Straßen durch den Dschungel getrieben, die zu Flüssen führten, um dadurch Transportwege an die Karibische See zu erschließen. Nach und nach wuchs Tikal zu einem wichtigen Handelszentrum. Vorsichtige Schätzungen sprechen von mindestens 70 000 Menschen, die hier in dieser Siedlung von 130 Quadratkilometern gelebt haben. Bis ins 9. Jahrhundert, so ist aus dem letzten Datumseintrag an einer Stele zu erkennen, bauten die Menschen kunstvolle und gewaltige Pyramiden, Tempel, Paläste, Standbilder und Altäre. Dann verließen sie aus bisher ungeklärten Gründen die Stadt. Der Urwald ergriff Besitz von ihren Bauwerken und ließ sie für lange Zeit unter einer immergrünen Pflanzendecke verschwinden.

Obwohl die Berichte über eine sagenumwobene Dschungelstadt niemals ganz verebbten und es immer wieder Indianer und Forschungsreisende gab, die versicherten, sich mit eigenen Augen von der Existenz der heiligen Stätte überzeugt zu haben, wurde Tikal erst im 19. Jahrhundert offiziell wiederentdeckt. Ab 1956 begann dann ein großangelegtes Ausgrabungs- und Restaurierungsprojekt, zunächst unter amerikanischer Leitung, heute unter einheimischer. In einem Zentrum von sechzehn Quadratkilometern wurden bisher etwa 3000 Bauten identifiziert und 500 von ihnen freigelegt; ein kleiner Teil von diesen kann von Besuchern auf befestigten Wegen erreicht werden.

Am Eingang der Anlage bieten englischsprachige Führer ihre sachkundige Begleitung an. Von hier aus bis zur zentralen Zeremonialplaza läuft man etwa zwanzig Minuten. Allein diese *Gran Plaza* besteht aus einer Vielfalt höchst unterschiedlicher Bauwerke, deren Besichtigung geraume Zeit in Anspruch nimmt. Darüber hinaus finden sich in der Umgebung zahlreiche weitere Bauwerke, die teilweise noch restauriert werden. Nachhaltig beeindruckend ist der 47 Meter hohe Tempel I, der *Tempel des Großen Jaguars*. Schwindelfreie, die die ausgetretenen und nahezu senkrecht ansteigenden Stufen der Pyramide zu erklimmen wagen, werden mit einem unbeschreiblichen Panorama belohnt. Das undurchdringliche Grün der Baumriesen wird nur hier und da überragt von Pyramidenspitzen. Frühmorgens und während der Dämmerung entfaltet der Platz einen geradezu unwirklichen Zauber, dann fliegen auch die langschnäbeligen Tukane eilig über die alten Bauwerke, und das Geschrei der Brüllaffen ertönt.

Die Gran Plaza wird von einer weiteren Pyramide und zwei gewaltigen Akropolen gesäumt. Überall findet man kunstvolle Stelen. Auf Spazierwegen erreicht man zahlreiche weitere Bauten, darunter die *Pyramide IV*, 741 erbaut und mit 65 Metern das höchste Bauwerk der Maya-Kultur. Es ist noch von Bäumen bewachsen, mit Hilfe von Holzleitern gelangt man zwischen dem Astwerk empor. Von der siebten Plattform an wurde restauriert, und ganz oben, von dem auf der Pyramidenspitze stehenden Tempel aus, hat man dann den Blick, auf den man gehofft hat: die grandiose Stätte breitet sich mit ihrem undurchdringlichen Grün fast bis zum Horizont aus.

Da die zwei kleinen Hotels am Eingang zur archäologischen Stätte meist belegt sind, übernachten Besucher gewöhnlich im 60 Kilometer entfernten *Flores* auf einer Insel im Petén-See. Dies ist jetzt nicht mehr unbedingt nötig: Am Nordufer des Sees eröffnete kürzlich *Camino Real*, eine Hotelanlage im Bungalow-Stil, mit Blick auf den wunderschönen See. Für die 30 Kilometer bis zu den Pyramiden unterhält das Hotel einen eigenen Zubringerdienst. *37, 38/39, 43, 44/45*

TEXT- UND BILDNACHWEIS

Pedro de Alvarado: In: Quauhtemallan und Cuzcatlan. Der erste und zweite Bericht des Pedro de Alvarado über die Eroberung von Guatemala und El Salvador im Jahre 1524. Erstmalig in deutscher Übersetzung herausgegeben und eingeleitet und mit einem wissenschaftlichen Kommentar versehen von Franz Termer. Hamburg: Hansischer Gildenverlag 1935.
Miguel Angel Asturias: Die Maismenschen. Roman aus Guatemala. Nach der ersten Übersetzung von Rodolfo Selke neu durchgesehen und überarbeitet von Will Zurbrüggen. Göttingen: Lamuv Verlag 1985.
Bartolomé de Las Casas: Kurzgefaßter Bericht von der Verwüstung der Westindischen Länder. Herausgegeben von Hans Magnus Enzensberger. Deutsch von D. W. Andreä. Frankfurt a. M.: Insel Verlag 1966. Sammlung Insel.
Franz Joseph Lentz: Aus dem Hochlande der Maya. Bilder und Menschen an meinen Wegen durch Guatemala. Stuttgart: Verlag von Strecker und Schröder 1930.
Märchen der Azteken und Inkaperuaner, Maya und Muisa. Herausgegeben und übertragen von Walter Krickeberg. Düsseldorf/Köln: Eugen Diederichs Verlag 1968.
Friedrich Morton: Xelahu. Abenteuer aus dem Urwald von Guatemala. Salzburg: Otto Müller Verlag 1950.
Caecilie Seler-Sachs: Aus alten Wegen in Mexico und Guatemala. Stuttgart: Strecker und Schröder Verlag 1925.
Karl Sapper: Eine Reise ins Petén. Aus: Durch das Land der Azteken. Berichte deutscher Reisender des 19. Jahrhunderts aus Mexiko und Guatemala. Berlin: Verlag der Nation 1978.

Wir danken allen Rechteinhabern und Verlagen für die freundliche Erlaubnis zum Nachdruck. Trotz intensiver Bemühungen war es aber nicht möglich, alle Rechteinhaber zu ermitteln. Wir bitten diese, sich an den Verlag zu wenden.

© für die Karte auf Seite 48: Kartographie Huber, München.


BUCHER'S FERNREISEN
GUATEMALA

Konzeption: Axel Schenck
Lektorat: Regina Kammerer, Katrin Ritter
Anthologie: Eduard Dietl
Graphische Gestaltung: Peter Schmid
Herstellung: Angelika Kerscher